MISSIOLOGIA

A MISSÃO DA IGREJA EM UMA PERSPECTIVA CRISTÃ

EAD - ENSINO MÉDIO TEOLÓGICO A DISTÂNCIA

Título original:
MISSIOLOGIA - A missão da igreja em uma perspectiva cristã

11ª Reimpressão 2024

IBAD
Rua São João Bosco, 1114 – Santana
12403-010 – Pindamonhangaba , SP
Tel – (12) 3642-5188
www.ibad.com.br

Impresso no Brasil

Coordenação
Pr. Mark Jonathan Lemos

Todas as citações bíblicas foram extraídas da Bíblia do Ministro, Edição Contemporânea de Almeida, salvo indicações ao contrário.
Os capitulos 4 e 5 da unidade 3 foram escritos pela missionaria Elizabeth Vencio.

Dados Internacionais de catalogação na publicação (cip)
(Câmara Brasileira do Livro, SP, Brasil)

Lemos, Ruth Doris
MISSIOLOGIA - A missão da igreja em uma perspectiva cristã
Pindamonhangaba: IBAD, 2009

ISBN – 978-85-60068-24-1

Índice para catálogo sistemático
Missiologia: Religião.

MISSIOLOGIA

A MISSÃO DA IGREJA EM UMA PERSPECTIVA CRISTÃ

Curso Médio de Teologia

EAD - ENSINO MÉDIO TEOLÓGICO A DISTÂNCIA

Sobre o livro

Categoria – Religião

Fim da execução – Novembro de 2009
11ª Reimpressão Janeiro de 2024

Formato – 16 x 23 cm
Mancha – 12,3 x 19,2 cm

Tipo e corpo: Garamond
Papel: Offset 75g/m2
Tiragem: 1500 exemplares

Impresso no Brasil – Printed in Brazil

Equipe de Realização

Produção gráfica: Imprensa da Fé
Supervisão: Pr. Mark Jonathan Lemos
Fotolito: MJ Serviços de composição

Produção editorial
Coordenação
Pr. Mark Jonathan Lemos

Capa
Heitor Galvão Souza

Imagens e gráficos cedidos por SEPAL
Organização

Sumário

Apresentação

Em 15 de Outubro de 1958, começava a tomar forma o sonho e a visão dada por Deus aos missionários João Kolenda Lemos e sua esposa, Ruth Doris Lemos. Nesta data, nasceu o IBAD, com o objetivo de proporcionar aos jovens vocacionados a oportunidade de se preparem para melhor servir o Senhor.

Na trajetória destas cinco décadas, o IBAD tem se mantido fiel à sua missão. Hoje, mais de quatro mil ex-alunos trabalham na Seara do Mestre como pastores, missionários, evangelistas, autores, conferencistas e em outras áreas do serviço cristão. Estes homens e mulheres atuam em todos os estados do Brasil e em 31 nações. O sol nunca se põe sobre os ex-alunos do IBAD.

Atento às necessidades educacionais da Igreja, o IBAD desenvolveu um projeto para atender um público que deseja um maior conhecimento e preparo na Palavra de Deus. Esse projeto é denominado *Curso de Teologia a Distância*, apresentado em 24 livros que oferecem ao estudante a oportunidade de obter uma base sólida para o serviço cristão.

Essa coleção teológica é fruto de meio século de experiência, tradição e qualidade no ensino da Palavra de Deus. Os autores dessa coleção são professores e ex-alunos do IBAD, homens e mulheres ativos no ministério do ensino teológico, que promovem, dessa forma, a visão e a missão dessa Instituição.

Este livro foi escrito pela Missionária Ruth Doris Lemos de saudosa memória. A mesma juntamente com seu esposo, Pr. Joao Kolenda Lemos foram os fundadores do IBAD. Formou-se em Teologia pelo Great Lakes Biblie Institute nos E.U.A. A missionária Doris Lemos dedicou a sua vida ao ensino teológico do Brasil, sendo missões uma de suas paixões.

O apóstolo Paulo declara em IITm 2.15 - "*Procura apresentar-te a Deus aprovado, como obreiro que não tem de que se envergonhar, que maneja bem a palavra da verdade*". Tenho certeza que este livro, bem como toda a coleção teológica, será de grande valor para sua edificação espiritual e seu embasamento na formação ministerial.

Reverendo Mark Jonathan Lemos
Diretor do IBAD

Como estudar a distância

Caro estudante

Nosso curso a distância foi estruturado com o objetivo de atender a todos que desejam ter maior entendimento sobre a Bíblia. Para atingir esse objetivo, tivemos o cuidado de planejar e produzir um material adequado para proporcionar a você a melhor experiência educacional possível. Nesse planejamento, chegamos à conclusão de que os livros deveriam não só ter um bom conteúdo, mas também ser acessível a todas as pessoas que desejam ter maior conhecimento das Escrituras Sagradas. Também observamos a necessidade de atender pessoas de qualquer região do país, com diferentes níveis de conhecimento. A partir de tais critérios, desenvolvemos uma coleção de vinte e quatro livros, a qual se constitui em um curso Médio de Teologia a distância.

Esses vinte e quatro livros, escritos de forma clara e objetiva, apresentam, de modo geral, vinte capítulos divididos em quatro unidades. Em cada unidade e em cada capítulo, há sempre uma introdução para que o leitor tenha ciência do que estudará naquela unidade e naquele capítulo. Tudo isso foi realizado com o intuito de facilitar a leitura. Com esse mesmo intuito, solicitamos que você observe as orientações para o estudo.

1- Recomendações para melhor aproveitamento de seu curso

Esse estudo requer atitudes próprias de qualquer estudante, porém ele tem como objetivo essencial abençoar sua vida cristã e dar-lhe instrumentos para que você desenvolva o ministério cristão com maior eficácia. Isso implica que serão necessárias, de sua parte, atitudes espirituais corretas, tais como:

1) Ore sempre antes de começar a lição. Isso preparará o seu coração para receber não apenas as informações, mas principalmente os princípios que serão úteis na sua vida com Deus.

2) Tenha o cuidado de sempre consultar a Bíblia. A leitura bíblica é primordial e insubstituível. Quanto mais você conhecer a Bíblia pela leitura diária, mais facilidade terá na compreensão de estudos que lhe auxiliarão no conhecimento dela.

3) Tenha sempre uma atitude de humildade. Deus revela verdades importantes àqueles que mantém essa atitude em seus corações.

Além desses cuidados, atente também para a dedicação, a disciplina e a perseverança, atitudes essenciais para a obtenção de êxito em todas atividades. Ao iniciar este curso de Teologia, conscientize-se da importância da manutenção desses princípios para o sucesso de sua aprendizagem. Concentre-se sempre no que estiver fazendo, pois a vida está no presente. O passado é a fonte das experiências, e o futuro, um tempo que deve ser planejado para que, quando transformado em presente, possibilite a colheita do que foi plantado, isto é, a obtenção dos resultados desejados. Se mantivermos tudo isso em mente, teremos sempre grandes chances de alcançarmos nossos objetivos.

2- Regras Básicas para a Compreensão do Texto

A leitura bem sucedida – compreensão de texto – requer do leitor a observância de alguns procedimentos básicos. São eles:

• **Leitura do texto -** Ao iniciar seu estudo, preste atenção à apresentação do livro e à introdução de cada unidade e de cada capítulo. Isto é importante porque essas introduções facilitarão sua compreensão do texto.

• **Leitura de unidades de pensamento -** A leitura de palavras, ao contrário da de unidades de pensamento, faz com que o leitor interprete um texto erroneamente. Isto significa que não devemos ler palavra por palavra e sim atentar para a idéia geral do texto.

• **Conhecimento do vocabulário -** O conhecimento do significado das palavras auxilia todo o processo de leitura. Por isso, tenha sempre à mão um dicionário da língua portuguesa e também um dicionário ou enciclopédia bíblica. É importante que essa consulta ao dicionário seja feita somente após uma primeira leitura do texto para que você não corra o risco de fazer uma leitura com interpretação inadequada.

• **Leitura de diversos tipos de texto** - A diversidade de textos permite que o leitor não só amplie seus conhecimentos, como também adquira maior habilidade para leitura. Procure ler outros livros que falem sobre o mesmo assunto.

3- Aplicação Pessoal

• **Questões para reflexão** - Em todos os capítulos, há questões com o objetivo de levar o estudante a refletir sobre os temas abordados, bem como fazer uma aplicação dos mesmos à realidade atual.

• **Exercícios** - No final de cada livro, o estudante encontrará exercícios relacionados a cada capítulo estudado para a verificação do conhe-cimento e fixação do conteúdo.

Introdução

A razão de ser e existir da Igreja, além de glorificar a Deus, é levar a Palavra do Senhor a todo o mundo. O Evangelho de Jesus, através da igreja, alcança todas as pessoas sem distinção. Vivemos em meio a uma sociedade mergulhada em trevas que carece muito da verdadeira paz; embora as pessoas procurem esse estilo de vida em vários lugares e em diferentes segmentos, não conseguem de fato alcançá-la, isso porque buscam em fontes contrárias ao que diz a Palavra de Deus e à própria vontade do Senhor. Mas, a Igreja não só conhece; vive essa paz por Cristo Jesus que é a única fonte verdadeira que jorra a verdadeira paz.

O instrumento de Deus para alcançar toda a terra é e sempre foi o trabalho de divulgação da sua Palavra e de sua vontade. Hoje, podemos dar um nome a esse mecanismo: Missões. Sabendo dessa responsabilidade, o crente não pode permitir que o conforto, a segurança espiritual e o conformismo tomem conta de sua vida, tendo como resultado o abandono desse compromisso para com o Senhor Deus. Hoje, temos o privilégio de conhecer a verdade, cultuar ao Deus verdadeiro, de nos relacionarmos com Ele e a certeza de que um dia estaremos para sempre na sua presença na eternidade. Essa é uma condição favorável que veio até nós pelo fato de que, em épocas passadas, irmãos de fé e coragem dedicaram sua vida para pregar o Evangelho. Para isso, abandonaram tudo: carreira, prazeres, sonhos, família, posição, segurança e conforto e partiram rumo ao desconhecido para tornar conhecida a Palavra de Deus. Agora é a vez dessa geração, da qual fazemos parte; multidões estão aguardando os valentes servos de Cristo que levarão o Evangelho até elas.

Para facilitar o estudo, dividimos o livro em quatro unidades, sendo que cada uma delas tem cinco capítulos. A primeira unidade tem como título "Uma Perspectiva Histórica de Missões". Nela abordaremos os assuntos: A Bíblia: Manual de Missões; O Aprendizado em Missões através da Bíblia; Missões nos séculos I a XX. Na segunda unidade, estudaremos sobre "Uma Perspectiva Prática de Missões". Discutiremos sobre a chamada do missionário; suas qualidades e qualificações; seu preparo; seus deveres e trabalhos e fecharemos tratando dos grandes nomes em missões e seus trabalhos. Na terceira unidade, vamos discorrer sobre "Uma Perspectiva Sociológica e Cultural de Missões". Discorreremos sobre povos do mundo; idiomas e culturas do mundo, abordando os grupos que trabalham com traduções das Escrituras Sagradas; povos isolados e povos não alcançados; e sobre um estudo em profundidade dos indígenas do Brasil, apresentando casos e histórias; enfocaremos, por fim, as estratégias para alcançar os povos indígenas. Por fim, na última unidade, trataremos de "Uma Perspectiva Estratégica de Missões", abordando o quadro religioso do mundo; o desafio do Islamismo; do Hinduísmo e do Budismo e finalizaremos com fatores e problemas a enfrentar em missões nos tempos atuais.

Desejamos, de todo o coração, que ao terminar este estudo o estudante anseie ardentemente servir melhor a Cristo, fazer a obra missionária para alcançar o maior número de vidas possível para o Reino de Deus e se dedicar ao máximo para ser usado pelo Senhor nesta Terra, aonde quer que Ele queira enviá-lo; além de viver em constante vigilância, oração e consagração, tendo no seu coração amor e temor para que aquele dia não o surpreenda, mas que esteja preparado para ir ao encontro do Senhor Jesus. Queremos que o estudante nunca se esqueça de que Missões é responsabilidade de todos aqueles que pertencem à Igreja e são de fato servos do Senhor Jesus.

UMA PERSPECTIVA HISTÓRICA DE MISSÕES

Todo trabalho ou projeto acabado, que está em pleno desenvolvimento e sucesso, com certeza teve uma origem, e essa, no início, enfrentou dificuldades e cresceu em circunstâncias adversas, mas pela perseverança, erros e acertos adquiriu experiência e com o passar do tempo se solidificou e veio a se tornar o que é. Com esse pensamento inicial, queremos enfatizar a importância de se conhecer o passado para entender o presente e ter uma projeção real do futuro. De que maneira poderíamos ter esse conhecimento se não for pela história? Através do estudo histórico, visualizamos de fato todo o processo que culminou com o que temos hoje. Em se tratando de Missões, essa regra continua. Devemos olhar para o passado, vislumbrar, pela história a nós repassada, a experiência dos pioneiros na obra missionária, desde a igreja primitiva até os dias atuais e, através das dificuldades e situações complicadas vividas por eles, nos enchermos de coragem e fé para darmos continuidade ao que eles iniciaram e lidarmos de maneira correta com as diversas situações que surgem no trabalho missionário a partir de suas experiências.

Nesta unidade, para compreendermos melhor todo o trabalho de Missões realizado no mundo, seu progresso, suas lutas, as várias circunstâncias vividas por missionários, apresentaremos um panorama histórico do trabalho missionário no mundo para que a geração atual, incumbida de continuar a tarefa, possa conhecer o que foi realizado e ter a certeza de que, como eles em Cristo Jesus, podem fazer o mesmo e até mais. Assim sendo, no primeiro capítulo enfocaremos a Bíblia como manual de Missões; no segundo capítulo, trataremos da experiência em Missões através da Bíblia; no terceiro capítulo, apresentaremos o panorama de Missões nos séculos I a X; no quarto capítulo, iremos do século XI ao XIX destacando os principais momentos da expansão do Cristianismo enfocando o período da Reforma Protestante e a era moderna; no quinto capítulo, trabalharemos especificamente o século XX abordando a expansão do Cristianismo e as mudanças no trabalho do Senhor.

CAPÍTULO 1

A Bíblia: Manual de Missões

A Bíblia mostra, em João (3.16), que "*Deus amou o mundo de tal maneira que deu o seu Filho unigênito, para que todo aquele que nele crê não pereça, mas tenha a vida eterna*". O objetivo eterno do Senhor é salvar a humanidade e para isso não poupou o seu próprio Filho. Essas palavras provam para todos que Missões não são produto do coração humano, não vem do homem em primeiro plano, mas vem do coração de Deus. Missões são a demonstração do grande amor de Deus pela humanidade. Quando dirigimos nosso olhar para as Escrituras Sagradas, enxergamos a obra missionária do começo ao fim, de Gênesis a Apocalipse. Isso quer dizer que está presente em toda a Bíblia. Para vermos essa relação Bíblia e Missões, neste capítulo estudaremos sobre o plano de Deus para o homem, missões no Antigo e Novo Testamento.

1.1. A Bíblia é o Manual de Missões que Apresenta o Plano Redentor de Deus

O Senhor Deus, depois de criar todas as coisas, inclusive o homem, preparou para este um jardim paradisíaco para que fosse cuidado pelo próprio homem. O primeiro casal criado na terra gozava de plena comunhão com o seu Criador; porém, por ter dado ouvidos aos ardis de Satanás, caiu em desgraça e perdeu essa comunhão maravilhosa. Mas, nem tudo estava perdido, pois o Senhor não foi pego de surpresa. Em sua presciência Ele já sabia que o homem cairia e, por isso, preparou de antemão um plano redentor para resgatar a humanidade da perdição. Esse projeto de Deus nos é revelado através de sua Palavra escrita, a Bíblia sagrada.

A Palavra do Senhor nos torna cientes de que o objetivo primordial da Trindade é a redenção da humanidade e que a obra missionária é o canal para o cumprimento desse plano de resgate. Em toda a Bíblia, seja de maneira direta ou indireta, nos deparamos com Missões. Nela aprendemos sobre estratégias, temos exemplos de homens de fé que se entregaram à obra do Senhor e foram usados de forma extraordinária, aprendemos que a obra é realizada pelo ministério do Espírito Santo, pelo poder de Jesus e na vontade do Pai celestial; além disso, a Bíblia é para os crentes como uma bússola que norteia a jornada cristã e o trabalho a ser feito para o Senhor Jesus.

A Bíblia, portanto, nos apresenta o plano redentor de Deus e mostra como ele está sendo executado. Chegamos à conclusão, pelas Escrituras Sagradas, que Deus foi o primeiro missionário, pois não esperou que o homem fosse até Ele, mas veio ao seu encontro, procurou-o, amou-o e, na pessoa do Filho, se entregou por ele. Tornou-se carne, habitou em nosso meio, foi à cruz do calvário, morreu, mas ao terceiro dia ressuscitou, completando assim a obra que veio fazer e agora todos que aceitam esse sacrifício têm o direito de serem chamados de filhos de Deus. Missões é isso, anunciar ao mundo essa verdade: Jesus veio ao mundo para que os homens fossem salvos por Ele, livres da condenação do pecado, do medo da morte, do inferno e do domínio de Satanás.

> "*Porque o salário do pecado é a morte, mas o dom gratuito de Deus é a vida eterna, por Cristo Jesus, nosso Senhor... E, visto como os filhos participam da carne e do sangue, também ele participou das mesmas coisas, para que, pela morte, aniquilasse o que tinha o império da morte, isto é, o diabo, e livrasse todos os que, com medo da morte, estavam por toda a vida sujeitos à servidão... Quando o vi, caí a seus pés como morto; e ele pôs sobre mim a sua destra, dizendo: Não temas; eu sou o primeiro e o último. Eu sou o que vivo; fui morto, mas eis aqui estou vivo para todo o sempre! e tenho as chaves da morte e do infern*" (Rm 6.23; Hb 2.14,15; Ap 1.17,18).

1.2. Os Dois Testamentos Apontam Para Missões

Deus quer salvar a todos, por isso a palavra de ordem na Bíblia sagrada é "anunciai a salvação do Senhor". No Novo Testamento, esse trabalho de comunicar a salvação é chamado de Evangelho, Boas-Novas, que devem ser levadas a todas as tribos, raças e nações sobre a face da Terra. Apresentamos a seguir a visão Vetero e Neotestamentária.

1.2.1. Missões no Antigo Testamento

Há, no início das Escrituras, uma palavra profética que se cumpriria através de Missões. Deus disse ao homem caído que levantaria "um" da semente da mulher que pisaria a cabeça da serpente, que os enganou no Éden (Gn 3.15). A partir desse instante, estava lançada a semente que germinaria, cresceria, frutificaria e daria cabo da promessa feita ao homem. Ao longo da história bíblica, acompanhamos a luta de Satanás contra o homem, tentando impedir que ele alcance o perdão divino. Sabendo da fraqueza do ser humano para cumprir seus propósitos, Deus sai em seu auxílio e começa a preparar o terreno para que o plano de salvação se cumpra. O Senhor deixa claro para o homem que a redenção é para todos, nesse caso, os homens precisam conhecê-la. Isso só é possível através da proclamação da Palavra de Deus. O panorama bíblico-histórico que se segue nos ajudará a entender esse processo salvífico na Antiga Aliança através dos principais acontecimentos nesta terra.

1. **Éden:** Deus, como primeiro missionário, providenciou um meio de escape para o casal, quando teve que, para orientá-lo e cobrir sua nudez, sacrificar um animal e da sua pele fazer para eles roupas para se cobrirem; esse ato é considerado uma analogia, onde o sacrifício do animal representa a necessidade de um substituto para pagar o preço da rebelião no lugar do homem e a pele para vestir o casal significa a nudez espiritual em que se encontravam e precisavam de uma solução para a situação.
2. **O Sangue de Abel:** a história de Caim e de seu irmão Abel é bem conhecida de todos. Um fato trágico ocorrido entre dois irmãos; Caim, movido de inveja, matou seu irmão e saiu errante por este mundo; porém Deus disse que o sangue de Abel "clamava" da terra por justiça, sangue inocente derramado. Como em todos os séculos, o povo de Deus foi martirizado e o sangue dele caído na terra é como uma semente plantada que germina e produz mais

vidas salvas, ou seja, pessoas que presenciaram o martírio dos crentes pela sua fidelidade e decidiam seguir a Cristo.

3. **Noé:** na época desse patriarca, a violência era muito grande no mundo, de tal maneira que Deus intentara destruir toda a vida no planeta, porém Noé pela sua atitude de fé agradou ao Senhor e foi preservado. Durante 120 anos, empenhou-se na construção da arca, o veículo de sua salvação e de sua família. Durante esse tempo, ele e sua família eram testemunhas vivas perante os ímpios. Por isso, ele é chamado de o pregoeiro da justiça. Infelizmente ninguém creu, mas a Palavra de Deus foi anunciada.

4. **Abraão:** depois de algum tempo, o Altíssimo escolhe um homem, separa-o para a sua obra e o envia para terras que ele não conhecia. Inicia-se a saga de um grande vulto da Antiguidade, Abraão, o amigo de Deus. A este fora feita uma promessa de cunho missionário, pois através dele seriam benditas todas as famílias da terra.

5. **Israel:** Deus separa para si um povo e através dele dá testemunho em toda a terra do seu poder, de sua bondade e de sua justiça. Uma nação levantada para ser referencial para as demais, para ser uma bênção e difundir o conhecimento de Jeová sobre a face da terra. Isso também é Missões.

6. **Moisés:** o grande legislador foi instrumento de Deus para guiar seu povo e através dele deu os seus mandamento que serviriam de guia para a sobrevivência da nação santa. Deus os fez entender que seriam uma nação santa, separada das demais, como referencial para todas elas para que soubessem que havia no meio deles um Deus eterno e único soberano sobre a terra.

7. **Davi:** rei, soberano em Israel. Davi era conquistador, sua fama correu por toda a terra. Através dele os reis da terra souberam que o Senhor é o Rei dos reis e Senhor dos senhores. Há uma pausa na história da vida de Davi em que é mencionada sua relação direta com o plano redentor de Deus; através dele viria o salvador que reinaria para sempre.

8. **Poéticos:** todos os livros inspirados fazem menção ao Messias salvador. Jó fala do redentor que se levantará sobre a terra; os Salmos cantam o triunfo do Messias e a salvação do Senhor; Provérbios e Eclesiastes falam do temor ao Senhor como princípio da sabedoria; Cantares, embora apresente o relacionamento de um homem e de uma mulher literalmente, apresenta a força de uma

união baseada no amor verdadeiro e é esse amor que o Senhor tem pela humanidade.

9. **Profetas:** proclamam abertamente a vinda do Messias, seu trabalho, seu sofrimento e sua vitória. Há menção profética até mesmo do local de seu nascimento. Os profetas apresentam o Messias que virá para salvar, libertar os cativos, dar vista aos cegos e proclamar o ano aceitável do Senhor.

Todo o Antigo Testamento aponta para o Messias, o Servo do Senhor que viria para cumprir o plano de Deus e pela sua entrega trazer para Deus homens de todas as tribos, povos e línguas. A concretização do que proclama a Velha Aliança encontra-se no Novo Testamento: o aparecimento do Senhor Jesus Cristo.

1.2.2. Missões no Novo Testamento

Depois de um longo período de aproximadamente 400 anos, chamado de período intertestamentário, a Palavra de Deus se cumpre e aparece no cenário humano: o Filho de Deus, Jesus Cristo. Ele veio para a missão de salvar a humanidade. O Verbo se faz carne e habita no meio dos homens; tem uma vida normal como qualquer outro ser humano. Cresce, desenvolve-se, aprende, obedece aos seus pais, trabalho como carpinteiro, participa dos rituais judaicos e segue uma vida comum até o momento do seu batismo nas águas do Jordão. Após ser batizado por João Batista, inicia-se seu ministério terreno. O desenvolvimento de seu trabalho se dá da seguinte forma:

1. **Batismo:** uma voz se ouve no céu, uma pomba é vista por João pairando por cima dele. A hora chegou, o mundo seria impactado de maneira tal qual nunca fora antes.
2. **Deserto:** o Espírito conduz Jesus ao deserto para ser tentado pelo Diabo na carne. Ele vence a Satanás e prova que para vencer o inimigo é preciso conhecer a Palavra de Deus.
3. **Ministério:** nos evangelhos, Jesus é o exemplo maior. Ele está presente em cada livro da Bíblia, mas somente os quatro Evangelhos revelam sua vida e ministério e o reconhecem como o cumprimento das promessas de Deus. Pregou aos pobres, levou as boas-novas a todos, curou os enfermos, ressuscitou mortos, fez o paralítico andar, o cego ver, deu ordem às forças da natureza, anunciou a todos o amor de Deus, sua justiça e sua ira.
4. **A Cruz:** cumpriu todas as coisas e foi até o Gólgota e lá entregou

sua vida pela humanidade; todos que nele cressem não mais temeriam a morte, mas andariam em novidade de vida.

5. **Ressurreição:** ao terceiro dia ressuscitou, apareceu aos discípulos e depois a centenas deles pelo espaço de 40 dias. Deixou, antes de subir ao céu, uma tarefa para os seus seguidores: anunciar em todo o mundo que a salvação é chegada.

6. **Atos:** vislumbramos um povo separado para a obra de Deus, cheio do poder e ousadia. Pessoas simples que iriam impactar o mundo com o poder do Cristo ressurreto.

7. **Cartas e Tratados:** os escritos de Paulo e de outros apóstolos e discípulos são tratados teológicos e apresentam, da mesma maneira, o plano de salvação e o que fazer para alcançá-la.

8. **Apocalipse:** o desfecho final. O Cordeiro vitorioso tem todo poder no céu e na terra. Todos os reinos cairão diante dele, toda a terra tremerá, pois Ele desceu para reinar e com Ele os salvos.

Questão para Reflexão

Deus, ao longo da história humana, demonstrou seu interesse em salvar o homem e usou várias situações e muitas pessoas para cumprir sua vontade. Por fim, enviou seu próprio Filho para morrer na cruz do Calvário. De que maneira Deus tem usado os homens na atualidade para espalhar a mensagem de salvação? Você conhece algum missionário na história atual que tem sido um instrumento de Deus? Pesquise e divida o resultado com a classe.

CAPÍTULO 2

O Aprendizado em Missões Através da Bíblia

Anteriormente asseveramos que a Bíblia é considerada um manual de missões; de fato é, pois nela encontramos subsídios valiosos para o sucesso na obra de evangelização mundial. Por isso, neste capítulo, num primeiro momento apresentaremos o que ela nos ensina em relação ao amor e compaixão pela obra; a responsabilidade de cumprir o "Ide" de Jesus; a ação do Espírito Santo na obra de Evangelização; a diretriz e estratégias para a realização do trabalho; a importância da preparação de obreiros para a seara e o exemplo dos discípulos como missionários. Depois enfatizaremos o alcance mundial da obra de Deus.

2.1. O Evangelho: Norteador do Trabalho Missionário

Através da Bíblia, aprendemos como deve ser realizada a obra de Deus, de que maneira podemos ser instrumentos de Deus para mudar situações e levar vidas ao Senhor Jesus Cristo. Alguns pontos devem ser observados.

1. Amor e Compaixão por Missões

O maior exemplo de amor missionário é o do próprio Senhor Jesus que se entregou por todos. Jesus amou tanto que mesmo pregado na cruz olhou para seus inimigos e lhes perdoou. Na evangelização mundial, se não houver compaixão e amor verdadeiro, ela será infrutífera, pois no trabalho missionário as retaliações são intensas e desestimulantes; mas a vontade de levar o conhecimento da verdade deve sobrepujar tudo isso. O missionário deverá entender que sempre haverá dificuldades, angústias e perseguições. O obreiro terá que lidar com situações em que pessoas que o maltrataram se converterão e passarão a integrar o rol dos salvos que pertencem à igreja do Senhor; ou seja, aqueles que tentaram tirar a vida dele e de sua família, ou que perseguiram ferrenhamente, insultaram e infringiram dor passarão a ser chamados de irmãos e recebidos por ele na comunidade cristã; para que isso se torne realidade é preciso amor e disposição para perdoar. Por isso, não podemos olhar para as pessoas como inimigas, mas enxergar o que está por trás delas. Uma vida sem Jesus está carregada; os demônios agem nela; pesa a ação do pecado que domina o ser; situação financeira; problemas íntimos; família destruída; abusos sofridos e tantos outros males que fazem dela uma vida desesperada e sem perspectiva nenhuma. Ela precisa de ajuda. O amor cristão é evidenciado quando se renuncia a uma vida de conforto e tranquilidade para se dedicar aos perdidos da terra. O que Deus espera de nós, pela sua Palavra, é que amemos as pessoas e tenhamos compaixão por elas.

2. A Responsabilidade de Cumprir o "Ide" de Jesus

Quando estava aqui na terra, Jesus cumpriu a tarefa que veio realizar, porém a obra continuaria até levar a mensagem de salvação a todo mundo. Essa tarefa de levar as Boas-Novas pertence aos salvos. Jesus disse que os seus servos fariam obras maiores das que Ele fez aqui na terra, pois subiria para o Pai, mas os que ficassem seriam instrumentos de Deus para propagação do Evangelho. A ordem do Senhor é para o crente ir por todo o mundo e pregar o Evangelho a todos. Essa responsabilidade é da igreja, e ela se cumpre através do trabalho missionário.

3. O Espírito Santo e Missões

O marco da ação do Espírito está no livro de Atos. Jesus, antes de ser assunto ao céu, fez uma promessa aos discípulos, que está registrada em Atos (1.8): "*Mas recebereis poder, ao descer sobre vós o Espírito Santo, e ser-me-eis testemunhas, tanto em Jerusalém, como em toda a Judeia e Samaria, e até os confins da terra.*" A Palavra de ordem é "Ir", a garantia do sucesso está na presença do Senhor Jesus no meio da Igreja e isso é possível pela ação do Espírito Santo de Deus que se tornou agente de Cristo. Ao chegar o Dia de Pentecostes (At 2), os discípulos estavam reunidos em um determinado lugar quando repentinamente foram agraciados com o derramar do Espírito e todos foram cheios e passaram a falar em outras línguas e a partir desse momento pregavam a Palavra com ousadia e Deus era com eles. No livro de Atos, percebemos a dimensão da atuação do Espírito de Deus. Em todos os momentos, Ele está presente e é Ele mesmo quem garante o cumprimento da promessa e leva os crentes a evangelizar e fazer a obra de Deus, agindo diretamente na vida da igreja dando solução para os problemas, separando obreiros para a obra, direcionando o trabalho e, na vida pessoal de cada crente capacitando-o para desempenhar suas tarefas e na vida do pecador convencendo-o de sua triste condição. Vejamos como ele age:

a. Fonte de Poder: Enquanto Jesus Subia, o Espírito Santo descia e em seguida a igreja saiu a campo para ser instrumento de resgate dos perdidos da terra. Os servos de Deus da igreja primitiva entenderam a necessidade de buscar o poder do Espírito desde o início. Sempre que se deparavam com situações adversas, oravam, clamavam e o Espírito respondia com derramamento de poder sobre eles (At 4.29-31). Em qualquer época da igreja, e principalmente nos dias de hoje, para fazermos missões, necessitamos desse poder. Historicamente, sabemos que os períodos em que a igreja mais cresceu e fez a obra de Deus foram através dos Avivamentos, e eles são possíveis pela ação direta do Espírito Santo que desperta nos crentes o interesse por Missões. Portanto, a obra missionária depende da vida espiritual. Podemos listar alguns exemplos: Avivamento Morávio, os irmãos Weslley, Hudson Taylor na China, Moody em Chicago, Jonathas Edwards que trabalhou nos Estados Unidos, principalmente entre os índios, Daniel Berg e Gunnar Vingren, que vieram para o Brasil e fundaram a Assembleia de Deus, e tantos outros que foram instrumentos de Deus através de grandes avivamentos.

b. Preside a Igreja: A Bíblia é clara quando apresenta a ação do Espírito nas decisões da igreja do primeiro século. Quando os crentes se reuniam para discutir sobre qualquer questão, Ele dava a diretriz. É comum vermos a frase: "e pareceu bem ao Espírito Santo". Isso quer dizer que as decisões não são meramente do homem, mas em conjunto com o Espírito.

c. Ele Separa Obreiros: Estavam todos reunidos em Antioquia da

Síria, buscando a Deus em oração, consagrando as suas vidas e de repente o Espírito Santo disse para que fossem separados Paulo e Barnabé para uma obra específica (At 13.1,2). Filipe, impelido pelo Espírito, pregou ao Etíope, mordomo de Candace. Pedro foi enviado à casa de Cornélio, um gentio.

d. O Espírito direciona o Trabalho: O Apóstolo Paulo teve o desejo de partir para a Bitínia, a fim de evangelizar naquela localidade, porém foi impedido pelo Espírito Santo. Depois disso, teve a visão de um homem da Macedônia que pedia ajuda e ao tomar a decisão de ir, não foi impedido. Para fazer Missões, precisamos aprender a ouvir a voz do Espírito. Não podemos ser tomados somente pela emoção, portanto deixemos o Espírito trabalhar e direcionar nosso trabalho.

e. Ele Convence o Pecador: A Bíblia diz que ninguém se converte se não for pelo Espírito. É Ele quem convence o homem do pecado, da justiça e do juízo.

Missões não são um empreendimento de origem humana, mas sim divina. A chave do problema missionário é justamente o genuíno avivamento pelo Espírito. Não devemos entender avivamento simplesmente como explosão de "Glória a Deus" e "Aleluia", tão comuns em cultos de avivamento, mas sim aquele que vai além de manifestações pessoais, ele atravessa as paredes da igreja e se estende ao mundo.

4. Estratégias Missionárias

O mundo de hoje, não é o mesmo de ontem; muita coisa mudou, o contexto é outro, as condições são melhores. Nos dias atuais, temos automóveis, navios e aviões. Por isso, as estratégias utilizadas pela igreja primitiva devem ser adaptadas para a realidade atual. Naquela época, eles andavam a pé; porém hoje, se temos carros, por que insistir em ir a pé? Contudo, urge a necessidade de a igreja voltar aos métodos antigos inspirados pelo Espírito Santo e aproveitar todos os recursos da atualidade para fazermos o melhor na obra de Deus e alcançar os perdidos da Terra. Ao fixarmos o olhar nas Escrituras, aprenderemos a fazer a obra de Deus, principalmente Missões.

Jesus se misturava com o povo, tocava nas pessoas, parava para ouvi-las e socorrê-las. Falou por parábolas explorando o dia a dia das pessoas, utilizava a lei, enviou os discípulos de dois em dois, operava milagres, desafiava as autoridades, aproveitava as circunstâncias, como no caso da mulher samaritana, pregava para multidões na praia, nos barcos, no Templo e em qualquer lugar.

O apóstolo Paulo, ao chegar a algum lugar, procurava sempre os grandes centros para, a partir deles, estender o trabalho para localidades menores. Para chegar a César, permitiu-se ser preso e apelou para o Imperador, só para testemunhar a ele do Evangelho de Jesus. Como ele próprio disse, fez de tudo, e por todos os meios, para levar pessoas à salvação em Cristo Jesus.

5. Preparação de Obreiros

Observamos na Palavra de Deus, em especial nas cartas paulinas, orientações acerca do trabalho dos obreiros e a maneira como devem se comportar no meio em que vivem. Há instruções para o pastoreio, conduta cristã, como defender a fé perante os incrédulos e resistir aos ataques de dentro da própria igreja. Isso quer dizer que, na obra missionária, apesar de todo estudo e preparação técnica, a melhor maneira de tratar com os problemas que surgem é buscar auxílio na Bíblia sagrada.

6. O Exemplo dos Servos de Jesus da Igreja Primitiva em Missões

Se queremos avanço na obra de Evangelização Mundial, basta olharmos para o trabalhar dos discípulos nas primeiras décadas da igreja. Eles são exemplos de dedicação, ousadia, disposição e fé. Dentre eles, destacaremos Paulo, Pedro e o jovem Timóteo.

1. Apóstolo Paulo: grande missionário que atuou de maneira intensa e muito contribuiu para o crescimento do Evangelho no mundo daquela época; tinha paixão pela obra e fundou trabalhos em vários lugares. Passou por diversas situações de dor e sofrimento por causa do testemunho de Cristo. Enfrentou naufrágios, feras, sofreu açoites, foi apedrejado, humilhado, confinado em prisões e passou por muitas tribulações. Contudo, ele soube lidar com todas as situações e demonstrou amor verdadeiro pelos perdidos e fez de tudo para levar o máximo de pessoas a Cristo. Paulo nos dá o exemplo de que missões não são obra de caridade ou movimento social: é uma obrigação. O missionário no campo vai enfrentar situações de dor, será perseguido, preso, humilhado e sofrerá perdas. Por isso, deve estar preparado e consciente do que é a obra de Deus. Paulo, em pouco tempo, abriu frentes de trabalho, estabeleceu igrejas, preparou obreiros, escreveu cartas que se tornaram um manual de Teologia sistemática, e o seu desejo era ir adiante, pregar o Evangelho onde nunca havia sido pregado.

2. Apóstolo Pedro: outro grande nome da igreja primitiva, com sua pregação inicial quase três mil pessoas vieram aos pés do Senhor. Pedro recebeu uma visão de Deus a respeito dos gentios através de um sonho e foi à casa de Cornélio para ensinar-lhe o caminho que deveria seguir, e assim a barreira do preconceito foi quebrada e o Evangelho se voltou para os gentios. Na obra de Missões, o missionário precisará se desvencilhar de certos paradigmas estabelecidos e deixar Deus conduzir sua vida para alcançar os perdidos.
3. Timóteo: um jovem obreiro, trabalhado por Paulo, que se dedicou ao trabalho do Senhor. Esse servo de Deus tinha muitas dificuldades, era jovem, tinha um problema de saúde e quando Paulo estava preso teve que lidar com as perseguições e problemas internos da igreja sozinho. É um exemplo de que todos temos problemas e incapacidades, mas com fé em Jesus podemos exercer o ministério e caminhar com Cristo fazendo sua obra. Haverá momentos na vida do missionário que, humanamente falando, estará sozinho, mas Jesus jamais o abandonará.

2.2. O Alcance Mundial da Obra Missionária

Em Atos (1.8), Jesus disse aos discípulos que receberiam o poder quando o Espírito viesse até eles. O objetivo desse derramamento era que deveriam ser testemunhas de Cristo em Jerusalém, Judeia, Samaria, e até nos confins da terra. O que se observa, nesses versículos, é o termo "tanto em" e "como em", o qual chamamos de Teologia do "tanto como", ou seja, o Evangelho deveria ser pregado em todos esses lugares ao mesmo tempo, obviamente em proporções diferentes, isto quer dizer que não se pode ficar preso a um só tipo de trabalho; é necessário fazer algo para que outras frentes sejam abertas e outros lugares sejam alcançados. Para exemplificar e facilitar o entendimento é como uma igreja que evangeliza somente sua cidade e emprega todos os recursos nela deixando de ajudar a obra de Deus em outros estados ou países; o correto é trabalhar na igreja local para fortalecer o trabalho e alcançar a localidade, mas também cooperar com a evangelização mundial enviando ainda que poucos recursos, mas nunca se esquecendo de auxiliar no alcance de outras terras. Há um engano por partes de muitos por pensarem que só poderão passar para outro estágio depois que tiverem completado um. Assim pensam que só evangelizarão a Judeia depois que ganharem Jerusalém; e, quando alcançarem por completo a Judeia, aí sim vão a Samaria e, depois, se conseguirem completar Samaria, pode-se pensar em ir aos lugares mais longínquos da terra; na verdade, tudo deve ser feito simultaneamente, ou seja, evangelizar Jerusalém, mas também a Judéia, ir a Samaria e contribuir para que as terras distantes sejam alcançadas. Pensando nisso, podemos dividir a obra missionária da seguinte maneira: Missões Domésticas, Transculturais, Estrangeiras, Organizadas e Independentes.

a) Missões Domésticas: é um trabalho missionário desenvolvido no país de origem atingindo grupo social ou étnico que ainda não foi evangelizado ou populações carentes de difícil acesso. Um tipo de trabalho que não deve ser relegado a segundo plano, pois há ainda muito por fazer em nosso país. Geralmente quando se fala em missões, logo vem à mente países da África, Ásia e outros da América do Sul. Missões são para o mundo todo, para os que estão perto, bem no nosso quintal, e para os que estão longe.

b) Missões Transculturais: como o próprio nome indica, vão além das fronteiras culturais; nesse aspecto, não se restringe somente a outros países, embora a maioria do trabalho seja realizada fora. No próprio país de origem há com certeza grupos que mantêm culturas diferentes, sendo assim, esse tipo de missões pode ser realizado tanto fora do país quanto dentro dele mesmo. Como exemplo, podemos citar o trabalho missionário entre os índios do Brasil.

c) Missões Estrangeiras: especificamente é um trabalho de Evangelização realizado fora do país, vai além fronteiras.

d) Missões Organizadas: tudo é feito por fé, porém com organização e cuidado. O missionário é enviado de maneira correta, com sustento adequado. Geralmente é mantido por uma agência ou departamento de missões que atua em conjunto com as igrejas que repassam fundos de ajuda para manter a obra missionária.

e) Missões Independentes: a responsabilidade do trabalho recai totalmente sobre o próprio missionário. Ele não é enviado por ninguém (ministério ou igreja), seu sustento não é organizado, depende de ajuda de voluntários que arrecadam dinheiro entre si para enviar a ele onde estiver trabalhando. Não é um modelo bom de ser copiado, pois abre espaço para muitos aventureiros ou para aqueles que querem galgar cargos e títulos eclesiásticos, usando o campo missionário para tal fim. O obreiro vai para algum país com recursos próprios, permanece lá no máximo três meses, e, ao retornar, tem status de missionário e quer logo ser consagrado a pastor e ser mantido pela igreja. Outro fator negativo é que não está vinculado a ministério algum, age sozinho, sem ter que dar satisfações a ninguém. Pode ser feito, mas deve-se ter cuidado para que não tenha motivações erradas.

Questão para Reflexão

Como foi mencionada neste capítulo, a obra de Deus, no que se refere a Missões, pode ser realizada de várias maneiras e em todos os lugares. Vimos os exemplos dos discípulos de Jesus e como eles se dedicaram a essa obra. Porém, sabemos da existência de muitos falsos obreiros que se dizem missionários, mas que na verdade só querem usar Missões como escada para o ministério e outras facilidades. Qual a sua opinião sobre esses falsos obreiros e o que pode ser feito para coibir a ação deles? Discuta em classe e comente as respostas.

CAPÍTULO 3

Missões nos Séculos I a X

Missões cristãs iniciam-se com o imperativo de Cristo, o incentivo do Espírito Santo, o dinamismo dos apóstolos e a bênção de Deus-Pai. A História Bíblica nos relata que após a ascensão de Cristo, os discípulos, cheios do Espírito Santo, começaram a pregar o Evangelho e multidões de pessoas, principalmente os judeus, se convertiam e passavam a integrar aquele grupo que crescia de maneira assustadora. Esses discípulos enfrentaram perseguições de todo tipo, mas não recuaram e pela sua ousadia, até o ano 60 a.D., aquele pequeno grupo se tornou um instrumento para levar o Evangelho por todo o mundo conhecido da época. Por isso, neste capítulo, apresentaremos um panorama da expansão da fé cristã do primeiro até o décimo século.

3.1. O Desenvolvimento do Cristianismo no Primeiro Século

Pedro foi a figura que mais se destacou entre os doze apóstolos, tanto no aspecto positivo quanto negativo; foi aquele que negou Jesus e se precipitou em conclusões sobre o ministério do Senhor Jesus, quando disse que Ele não deveria morrer, mas também foi aquele que discursou para multidões no dia de Pentecostes apresentando em Cristo a salvação. Mais tarde outros líderes emergiram, tais como Estevão, o primeiro mártir da igreja, e Felipe, o evangelista. Ambos tiveram ministério efetivo. Estevão em Jerusalém e Felipe em Samaria. Sem dúvida, o primeiro contato de Saulo de Tarso com o cristianismo foi nas sinagogas dos cilicianos, onde ele encontrou a sabedoria irresistível de Estevão (Atos 6.9). O Martírio de Estevão e a perseguição desencadeada pelos religiosos judeus foram abalos fortes para a igreja infante, mas tornou-se uma bênção que resultou numa expansão marcante do evangelho. Outros dois eventos de grande significado deram ainda mais ímpeto para o crescimento da Igreja Cristã: a conversão de Saulo de Tarso, que se tornou o "apóstolo aos gentios" (Atos 9), e a experiência de Pedro ao pregar o evangelho a Cornélio (Atos 10).

No início da era da igreja, logo depois do derramamento do Espírito Santo sobre os crentes, a perseguição começou de maneira "branda", ou seja, os discípulos foram chamados e proibidos de falar no nome de Jesus, foram até presos, mas não passou disso. Porém, com o crescimento do trabalho, os principais religiosos judeus viram que a obra estava tomando proporções gigantescas e incomodava aos grandes. Estevão, homem cheio do poder de Deus, pregava e sinais eram vistos através de seu ministério; movidos de inveja e ódio, prenderam-no e interrogaram-no, e não suportando ouvi-lo o apedrejaram. Esse fato trouxe grande impacto para a comunidade cristã, porém um impacto positivo, pois ao serem perseguidos, eles saíram em fuga, mas pregando o Evangelho por onde passavam. Nesse ínterim, Saulo de Tarso intensifica a perseguição e pede permissão para prender os irmãos até que tem um encontro com o próprio Jesus e passa para o lado da fé que perseguia ferozmente.

Como em Jerusalém ficou inviável manter o centro de trabalho da igreja, por causa da perseguição movida pelos judeus, uma outra cidade passou a ser o centro de evangelização e preparação de obreiros: a Antioquia da Síria. Ela se tornou o ponto de partida e chegada dos missionários. Paulo, mesmo em suas viagens missionárias, tinha essa cidade como ponto de referência. Seguindo as grandes estradas romanas, Paulo levou o Evangelho a todas as principais cidades. Seu desejo era chegar à Espanha, mas não foi possível, pois sua carreira teve fim em Roma. Porém, alguns estudiosos afirmam que talvez ele tenha conseguido chegar a Espanha.

O apóstolo Paulo não foi o único missionário naqueles tempos. Muitos homens e mulheres, sinceros e dinâmicos, levaram o Evangelho por toda a parte por onde passaram. Referências são feitas às igrejas na Judeia,

Galileia, Samaria (Atos 9.31), Síria e Cilicia (Atos 15.23), Ponto, Capadócia e Bitínia (I Pe. 1.1), mas não sabemos quem levou o evangelho a esses lugares e fundou as Igrejas fortes existentes nessas cidades.

Certamente, o trabalho de Felipe em Samaria resultou na fundação daquela Igreja. Sem dúvida, também, muitos dos judeus devotos, procedentes de todas as partes do mundo de então (mencionados em Atos 2), tornaram-se crentes e voltaram aos seus lares e cidades, anunciando a Cristo, estabelecendo igrejas em várias regiões (Col 1.23; Rom 1.8; I Is.1.7,8; Rom. 10.18). Assim foi o crescimento da igreja nesse primeiro momento.

3.2. A Expansão da Fé Cristã no Segundo Século

A Igreja do Senhor Jesus continua em crescimento acelerado. Por Damasco e Edessa chega à Mesopotâmia; depois alcança a Arábia por Bostra e Petra; pisam na África entrando por Alexandria e Cartago; e, através de Antioquia, chegam à Armênia, Ponto e Bitínia. Mais tarde chega à Espanha, Galesa e Grã-Bretanha. E não parou por aí, atravessou fronteiras e foi a terras distantes como Irlanda, Etiópia e China.

Provavelmente o Egito também fora alcançado, mas não temos registros oficiais de tal fato. Pode ser que a igreja ali teve início com João Marcos. Chegamos à conclusão de que o Evangelho chegou aos egípcios por causa dos fortes laços de comunicação entre Antioquia da Síria e Alexandria. Encontramos cristãos em Alexandria no reino de Adriano (125 a.D.) e, até o fim do século II, havia uma igreja forte e próspera nessa cidade. Cerca de 180 a.D., Pantenus (que mais tarde levou o Evangelho à Índia) fundou uma escola em Alexandria. Clemente seguiu após Pantenus e depois de Clemente veio o brilhante Orígenes.

O Cristianismo continua sua expansão e chega às seguintes localidades: Cirene, Cartago (via Roma ou Éfeso), Sul da Espanha, Galesa e outras de que não temos conhecimento.

A igreja ao norte da África se destacou pelo grande número de bispos que possuía. Tertuliano, Cipriano e Lactantius foram fortes apologistas cristãos. Na mesma região, surge mais tarde a figura de Agostinho, bispo de Hipona (século IV), cujos escritos deram forma à teologia da Igreja Católica Romana por mais de mil anos.

3.3. O Crescimento do Cristianismo no Terceiro Século

O Cristianismo entrou na Grã-Bretanha no segundo século, mas somente se fixou no século III. Em 314 a.D., no Concílio de Artes, no sul da França, comissões de Bispos Ingleses representaram o seu país. No século III, Plínio o Governador de Ponto, escreveu ao Imperador Trajano, desejando saber o que fazer com o forte movimento do Cristianismo surgido na Bitínia e Ponto e em quase toda a Ásia Menor. Sob a liderança de Gregório Thsumsturgus, o Cristianismo tomou impulso extraordinário. Quando ele se tornou Bispo de Ponto, dizem que havia somente dezessete cristãos na cidade e quando ele morreu, trinta anos depois, só havia dezessete não-cristãos.

Durante o terceiro século, o Cristianismo se espalhou tanto que chegou a atravessar as fronteiras do Império Romano, e talvez tenha chegado até Pártia, Etiópia, Irlanda, Índia e China, porém sem estabelecer firmes bases nesses países, naquele tempo.

O Evangelho foi levado de Antioquia, via Duro-Europa, para Satelifon e Selêucia, cidades gêmeas do rio Tigre. Em 225 a.D., haviam Igrejas Cristãs em todo o vale do Tigre-Eufrates, desde o mar Cáspio até o Golfo Pérsico. Edessa se tornou um centro forte de influência cristã missionária. O Cristianismo se tornou a religião do Estado e o siríaco a língua do Novo Testamento. Até o fim do terceiro século e início do quarto, a cidade de Edessa era predominantemente cristã. Abgar, o IX, foi convertido em Edessa em 206 a.D.

No fim do terceiro século, o Evangelho entrou na Armênia por meio dos cristãos da Capadócia. Como resultado de um grande movimento em massa, foi dirigido pelo missionário Gregório, o Iluminador, e encorajado com a conversão do rei Titidates. A Armênia se tornou um reino cristão. O Novo Testamento apareceu no idioma dos armênios no ano de 410 a.D. A Igreja Cristã da Armênia tem passado por muitas lutas e perseguições, e hoje é uma das mais antigas do Cristianismo. Está estimado que os cristãos representavam um quinto da população do Oriente e 1\20 da população do Ocidente, que estava estimada entre 50 a 100 milhões.

3.4. A Expansão do Cristianismo no Quarto Século

O Cristianismo, a partir do quarto século, vai tomando outros rumos na história. Antes perseguidos, humilhados e desprezados, sofreram duras perseguições. Porém, quando chega a época do Imperador Constantino, cessam as perseguições e o próprio Imperador, mais por questões políticas do que religiosas, declara-se cristão, o que elevou o Cristianismo a um outro patamar perante a sociedade. Contudo, ao invés de ser benéfico para a igreja, tornou-se uma armadilha, pois o mundanismo se apoderou da igreja desvirtuando de sua espiritualidade e o povo de Deus sofreu com isso. Três grandes eventos ocorreram no reinado de Constantino: o Edito de Milão (313 a.D.), que trouxe liberdade a todas as igrejas do Império; o Concílio de Niceia (325 a.D.) e o término da grande obra "História Eclesiástica" por Eusébio (História da Igreja dos quatro primeiros séculos).

Houve sete grandes perseguições que afetaram diretamente as missões até a época de Constantino:

1. As perseguições recordadas no livro de Atos.
2. As perseguições no tempo de Nero (62-68 a.D.).
3. As perseguições no reinado do Imperador Domiciano (81-96 a.D.); João foi exilado para Pátmos.
4. As perseguições no reinado de Marco Aurélio (161-180 a.D.).
5. As perseguições no reinado do sétimo Severo (192-211 a.D.). O batismo dos cristãos tornou-se um crime.
6. As perseguições de Cartago onde centenas de cristãos morreram como mártires num terrível ataque (203 a.D.).
7. As perseguições no reinado do Imperador Diocleciano - as propriedades dos cristãos foram confiscadas, igrejas queimadas e cristãos martirizados (303-312 a.D.).

Depois disso, o Cristianismo se fixa na Etiópia, provavelmente começou com o testemunho do etíope. A Etiópia da Bíblia não é a de hoje – era o reino de Merare, localizado onde hoje é o Sudão. Até o século XX, a Etiópia era chamada de Abissínia que só recebeu o evangelho em a 330 a.D. A Igreja só foi estabelecida nesse país africano em meados do século IV. Dois jovens crentes egípcios, cujo barco naufragou no Mar Vermelho, foram capturados e mandados como escravos para a Etiópia, onde pregaram e fizeram muitos convertidos.

Continua sua expansão até atingir os Godos na França e Itália, através do trabalho de Ulfilas, os primeiros dos povos Teutônicos a aceitar o Cristianismo em grande número. Receberam o Evangelho primeiramente de prisioneiros cristãos que eles levaram cativos nas suas muitas expedições. Ulfilas estudou por 10 anos em Constantinopla e seu trabalho mais importante foi a tradução da Bíblia para a língua dos Godos

O Evangelho atinge o norte da França com Martinho de Tours, Bispo de Lyons. Martinho, um ex-soldado, adotou medidas militares para assegurar resultados no seu trabalho. Ele e seus monges demoliram templos e santuários, destruíram ídolos, pregaram um evangelho forte e dinâmico e batizaram muitos convertidos, por persuasão espiritual ou por medo de Martinho.

Na Arábia, sabemos que no dia de Pentecostes havia árabes e cretenses presentes na região. O Cristianismo foi estabelecido ali, porém pouco tempo mais tarde foi tomada pelo Islamismo e é por eles controlada até hoje.

A Igreja se estabelece na Inglaterra, porém somente no século VI ela planta firmes raízes na Grã-Bretanha.

Em seguida, temos a compilação da obra literária da história da igreja dos primeiros três séculos (325-326) por Eusébio – Eusébio de Cesareia (260-340 a.D.) homem de letra e estudo, historiador, mente brilhante, porém humilde, o mais erudito do seu tempo – cristão de grande piedade e dedicação. Sempre lamentou sobre a vida imoral, corrupta e de brigas do clero. O seu famoso livro, a História Eclesiástica, retrata o cristianismo e seu desenvolvimento desde os seus primórdios até o concílio de Niceia (325 a.D.). Alguns criticaram a sua falta de objetividade - mas todos concordaram que é o mais completo trabalho (obra) revestido de autoridade e compreensão sobre a história da Igreja nos seus quatro primeiros séculos.

3.5. Missões Cristãs no Quinto Século

Os destaques desse momento de expansão do Cristianismo são:

a) Irlanda: São Patrício, apóstolo da Irlanda, nasceu em 389 a.D., na Bretanha, e levado cativo à Irlanda com 12 anos de idade. Teve profundas experiências espirituais e com 18 anos fugiu para a França, mas por revelação divina voltou para a Irlanda e evangelizou durante trinta e cinco anos. Batizou milhares de convertidos, plantou centenas de igrejas, fundou mosteiros célticos, treinou obreiros e ordenou muitos ao ministério.

b) Alemanha: Clóvis, rei dos francos, convertido e batizado no dia de natal (496) por causa de um voto feito em batalha.

c) Armênia: Recebe a tradução completa do Novo Testamento; o evangelho entrou nesse país através dos cristãos capadócios.

d) Evangelização do Oriente Médio e países da Ásia extrema: Bispo Nestório, banido das fronteiras do Império Romano, continuou seu ministério na Ásia Central, de onde enviou missionários para a China, Pérsia, Índia e outras localidades.

e) A evangelização do norte da África e de toda a Ásia central: Fortes Igrejas e escolas de teologia floresceram no norte da África, no tempo de Orígenes e Cipriano, bispo de Cártago, Tertuliano e Clemente de Alexandria de Cartago. Grandes homens universitários da igreja com seus ensinos e obras literárias influenciaram todas essas regiões para o cristianismo. Havia problemas crescentes com heresias como Montanismo, Gnosticismo, Marcionismo e filosofias Orientais, mas essencialmente a igreja era uma das mais fortes do cristianismo. Havia cerca de mil e duzentas a mil e quinhentas igrejas.

3.6. A Obra Missionária no Sexto Século

A evangelização da Escócia por Santo Columba – irlandês de linhagem nobre, com vasto conhecimento e muitos talentos. Primeiramente começou na sua própria terra, evangelizando, fundando mosteiros, escolas e igrejas. Aos quarenta e dois anos de idade atravessou o canal da Mancha, na Ilha escocesa de Jona, fundou um mosteiro que por séculos foi o maior centro de atividades missionárias de todo o mundo, evangelizando toda a Escócia e construindo igrejas e mosteiros por toda a parte. Morreu em 596, mas, por mais de duzentos anos, a ilha de Jona, através do centro de missões enviou missionários por toda a parte.

O crescimento da igreja na Inglaterra – O Papa Gregório, o Grande, mandou Agostinho, um missionário, não confundir com o grande Agostinho de Hipona (354-430), junto com quarenta monges beneditinos para a Inglaterra, que foram bem recebidos pelo rei Ethelbert que se converteu ao cristianismo. Foram fundadas as famosas Abbé e a Catedral de Cantuária, da qual Agostinho, o missionário, tornou-se o primeiro Arcebispo.

A obra missionária de Columba (não o mesmo da Escócia) na Alemanha – Columba, um irlandês treinado no Mosteiro de Bengor, começou, aos quarentas anos, a sua obra missionária. Com doze companheiros foi à Alemanha. Era piedoso e conhecedor das escrituras. Estabeleceu o Mosteiro de Luxevil. Foi expulso com seus monges celtas. Ele foi para a Suíça e, expulso novamente dessa região foi para o norte da Itália onde fundou o mosteiro de Bobbio.

A conversão do rei Ethelbert de kent, Inglaterra – Dentro de um ano depois da chegada de Agostinho, o missionário, converteu-se o rei Ethelbert. Sua esposa Berta (Alemã) já era cristã. Todo o seu parlamento aceitou a fé (costume naqueles tempos), e num só dia foram batizadas mais de dez mil pessoas.

3.7. A Expansão do Cristianismo no Sétimo Século

Desse período destacamos:

a) A Conversão do Rei Edwin de Northumbia, Inglaterra: missionários irlandeses evangelizaram, com grande risco de vida, os anglo-saxões da Northumbia. Embora não totalmente com êxito, eles conseguiram converter e batizar o Rei Edwin em 627 a.D.

b) Conversão do Rei Osvaldo: depois do Rei Edwin deixar o trono, subiu o Rei Osvaldo, convertido também sob a obra missionária de Aidan, e instruído nas Escrituras por Cuthbert.

c) Missões na China: até 635 a.D., os nestorianos tinham firmemente estabelecido missões na China, durante a dinastia de T'Ang, quando a China estava no auge de sua cultura. Era o mais rico e civilizado império do mundo. Sian (Chiang) era a maior e mais próspera cidade sobre a terra naquele tempo. A Pedra Nestoriana, descoberta em Sian em 1625 a.D., conta a história das Missões Nestorianas.

d) Missões no sul da França e norte da Itália entre os Lombardos: monges da Escócia, Irlanda e Alemanha evangelizaram os Lombardos. Grande número se converteu em poucos anos, batizado em 637 a.D.

e) A igreja romana estabelecida da Inglaterra: por algum tempo, as formas célticas e romanas do Cristianismo tinham entrado em conflito umas com as outras. Na Inglaterra, sob o Wilfrido, bispo de York (634-709 a.D.), a forma romana prevaleceu. Em 685 a.D., Wilfrido completou a evangelização na Inglaterra. Teodoro de Tarso, mandado por Roma, organizou a Inglaterra numa província eclesiástica de Roma, com a autoridade de Arquebispo de Cantuária dominando todo o país. A Inglaterra enviou missionários pelos próximos dois séculos para o resto da Europa.

f) Conversão dos países baixos: Holanda e outros – um dos primeiros países baixos a receber os missionários da Inglaterra é Frisia, que se identifica hoje como a Holanda, e isso devido a uma das muitas viagens de Wilfrido. Ele pregou com grande poder e eloquência, batizou muitos companheiros (treinados por Egbert da Irlanda) que foram enviados como missionários aos holandeses, entre eles, Willibrord de origem Britânica, trabalhou e estabeleceu vários e grandes mosteiros – e também um forte e uma igreja entre os holandeses).

3.8. Missões Cristãs no Oitavo Século

Bonifácio e suas Missões na Alemanha e Holanda – monges, irlandeses e ingleses levaram o cristianismo à Alemanha. O grande missionário Bonifácio (680-755 a.D.), um monge beneditino de linhagem nobre, foi à meia idade para a Alemanha e trabalhou 40 anos lá. É conhecido como o apóstolo da Alemanha por causa do seu trabalho brilhante e dedicado. Um erudito famoso e brilhante, um grande organizador, um evangelista ardente que estabeleceu os alicerces da Igreja Cristã na Alemanha. Fundou três grandes e famosos mosteiros - Reichenan, Fulda e Lasch. Cortou a famosa árvore sagrada (da idolatria) de Thor, em Hesse. Morreu aos 70 anos enquanto pregava a um grupo pagão na Frísia.
A conversão de saxônicos – coincidiu com o reinado de Carlos Magno, efetuada pela conquista militar e não por persuasão religiosa ou moral. Uma aliança religiosa entre a Igreja e o Estado resultou na formação do Império Romano (800 a.D.). A Igreja usou meios carnais para conseguir fins espirituais.
A construção dos grandes mosteiros na Alemanha – Reichenau (724 a.D.), Fulda (744 a.D.), Lorsch (763 a.D.).

3.9. Missões no Século IX

A conversão do rei Haroldo da Dinamarca – A Dinamarca foi o primeiro país escandinavo a receber o evangelho como resultado do trabalho esforçado do monge Francês Anskar – treinado como famoso mosteiro do Corbie, fundado por Columba. Anskar é chamado o apóstolo no norte. Ele construiu a primeira igreja cristã na Suécia e a primeira e a segunda igreja na Dinamarca.

Missões chegam até Morávia e Bulgária – Os primeiros missionários foram os irmãos Constantino e Metodius – um era filósofo e outro artista (pintor) – enviados pela igreja do oriente (ortodoxo) para Morávia, que hoje em dia faz parte de Tchecoslováquia . Traduziram a Bíblia no idioma Islâmico (eslavo).

A conversão do rei Boris – Batizado o rei em 865 a.D., estabeleceu mosteiros; convertido, educou seu filho Simão como monge e missionário. Também enviou o famoso missionário Clemente da Macedônia e fundou uma escola de treinamento missionário. Até sua morte em 907 a.D., os búlgaros eram os líderes cristãos de todo o mundo Eslavo.

Missões na Dinamarca – O Cristianismo floresceu e enfraqueceu nesse país, dependendo dos reis; finalmente foi estabelecido pelo grande rei cristão Canuto, o mais famoso Dinamarca, ele estabeleceu mosteiros e igrejas em todo o país da Inglaterra de 1018 a 1035 a.D., (12 monges da Inglaterra foram responsáveis por esse trabalho).

A conversão da Suécia através do monge Anskar – Na segunda visita de Anskar à Suécia, em 835 a.D., o concílio de Gutenland declarou-se a favor da nova religião, mas os poucos missionários que o acompanharam eram fracos e não levaram adiante o trabalho. Eram missionários da Inglaterra que evangelizaram a Suécia – o rei Olaf (993-1042 a.D.) foi o primeiro monarca sueco a professar a fé cristã. Durante o reinado do seu filho Amund Jacob, o Cristianismo espalhou-se por toda a Suécia.

3.10. A Expansão do Cristianismo no Século X

A conversão da Noruega: O Evangelho chegou através de um Rei Norueguês (Haakon) que quando jovem estudou na Inglaterra. Converteu-se ao Cristianismo e voltou ao seu país levando a sua nova religião, mas recebeu forte oposição. Morreu em 961 a.D., sem conseguir converter ninguém. Outro rei que também estudou na Inglaterra e converteu-se lá foi Olaf Tryggvason (963-1000 a.D.), um viking que conseguiu com que o seu sucessor, Olaf Haraldson, implantasse o Cristianismo firmemente na Noruega até o século XI.

A igreja moraviana: Fortemente missionária, mais tarde se tornaria uma das mais fortes agências do Cristianismo e a mais forte Igreja missionária do mundo, com um missionário para cada doze membros. Iniciaram uma vigília de oração que continuou noite e dia, sete dias por semana, sem interrupção até 1827, denominada a Vigília dos cem anos.

A conversão e o batismo da princesa Olga da Rússia: Depois de várias tentativas de cristianizar a Rússia, finalmente no meio do século X, a princesa Olga converteu-se ao Cristianismo e foi batizada publicamente em Constantinopla. Porém encontrou muita oposição e não conseguiu estabelecer o Cristianismo na Rússia.

A conversão e o batismo do príncipe Vladimir da Rússia: Ficou para o seu neto (980-1015 a.D.) fixar o Cristianismo como religião da Rússia. Com uma conversão real e marcante, o príncipe Vladimir convenceu o país da realidade do Cristianismo.

Questão para Reflexão

Ao estudar sobre a história de Missões até o Século X e ver o trabalho e esforço dos servos de Deus que se entregaram à obra sem ter a sua vida por preciosa, reflita sobre a obra missionária na atualidade. Em sua opinião, o fervor continua o mesmo? O que mudou? Comente com a turma.

CAPÍTULO 4

Missões no Século XI a XIX

O trabalho missionário avança pelos séculos plantando e colhendo vidas para a seara de Deus. A história nos revela que em todos esses momentos ocorreram dificuldades de todos os tipos, seja doutrinária, política, idealista ou religiosa. O importante é saber que em todas essas eras, o Senhor levantou servos para dar continuidade à expansão do conhecimento de Jesus através de sua Palavra. No capítulo anterior, apresentamos um pequeno relato do primeiro ao décimo século; neste capítulo, daremos continuidade aos fatos históricos apresentando o panorama que vai até o décimo nono século.

4.1. Desenvolvimento do Cristianismo no Século XI e XII

A expansão da religião cristã continua; várias partes do mundo vão sendo conquistadas e o Evangelho sendo anunciado. Destacamos os seguintes avanços:

1) Evangelização da Groenlândia: Leif, o Feliz, evangeliza esse povo, embora os moravianos tenham evangelizado os Esquimós da Groelândia em 1733 a.D., mas foi esse missionário da Escandinávia (Dinamarca) que, em 1000 a.D., fez os primeiros trabalhos lá.

2) A Igreja estabelecida na Noruega: Através do Rei Olaf Tryggvason, em 1025 a.D., é firmada por Olaf Haraldson.

3) A Evangelização na Suécia: Durante o reinado de Asnund Jacob (1024-1066 a.D.), o Cristianismo espalhou-se por toda a Suécia. O primeiro centro de organização formal da Igreja Cristã foi em Uppsala, em 1164 a.D., que continua até hoje o centro espiritual do Cristianismo na Suécia.

4) A Igreja estabelecida na Rússia: Aproximadamente de 994-1000 a.D., através do Príncipe Vladimir.

5) A Igreja estabelecida na Polônia: Não se sabe quando entrou, mas certamente foram os eslavos e alemães que a trouxeram. Começou com a conversão do Duque Mieszka, Boêmia. Devido ao reinado do seu filho Boleslaw (992-1025 a.D.), a Polônia prosperou economicamente e espiritualmente. A Igreja cresceu muito, porém, após a sua morte, caiu muito. Mas sob domínio de Boleslaw III, novamente a Igreja voltou a crescer e foi firmemente implantada na Polônia. A Polônia evangelizou os pomerianos.

6) Os Magyars, Wendo e Prussianos aceitam o Cristianismo: Até 1200 a.D., poloneses e alemães converteram estes povos. A influência das rainhas cristãs que ganharam seus maridos reis era notável entre todos os povos dessa época.

4.2. Missões nos Séculos XIII a XVII: Igreja Católica

O protestantismo, no seu início, não tinha tanta preocupação com a Evangelização; havia outras prioridades. Mas a igreja católica mantinha interesse no proselitismo e o fez, alcançando muitos povos e convertendo-os ao Cristianismo.

1) Missões na África

a) A missão Zambezi; b) Em 1420 a.D. – Ilha de Madeira; c) Em 1431 a.D. – Azores; d) Em 1450 a.D. – Cabo Verde; e) Entre 1483 e 1491 a.D. – Missões Católicas (Franciscanos) estabeleceram-se no Congo, Angola, Moçambique, Rodésia e Madagascar; e) Em 1548 a.D. – Chegaram os jesuítas (Congo e Angola); f) Em 1577 a.D. – Dominicanos (Moçambique) queimaram as mesquitas muçulmanas; g) Em 624 a.D. – Agostinianos (Mombasa); h) Em 1648 a.D. – Vicentinos (Madagascar); i) Em 1655. a.D. – Capuchinhos e Carmelitas (Guiné).

2) Missões na China

• Em 1294 a.D. – O padre João de Monte Corvino (Franciscano), mandado por Roma, construiu igrejas em Pequim e batizou milhares até a sua morte, em 1330 a.D. (100 mil convertidos). Sofreu oposição dos nestorianos;

- Em 1368 a.D. – A dinastia Ming assumiu o poder e expulsou todos os missionários; o Cristianismo morreu;
- Matteo Ricci (1552 - 1620 a.D.) – segunda tentativa – jesuíta que começou adotando a cultura e se disfarçando em discípulo do erudito Confúcio; trouxe outros para trabalhar (conhecidos como grandes mestres). O povo lhe dava ouvidos. Até 1650 a.D., conseguiram 250 mil convertidos. Entraram os dominicanos e novamente os franciscanos brigaram com os jesuítas.

3) Missões na Indonésia – O Imperador do século XVII expulsou todos os mensageiros Jesuítas da China. A Indonésia tinha sido invadida pelos muçulmanos, mas os jesuítas conseguiram no século XVII estabelecer algumas missões na Indonésia – até hoje permanecem quase 87 % de muçulmanos, com talvez 3% de católicos romanos.

4) Missões na Índia

- Em 14 98 a.D. – Vasco da Gama, sacerdote católico (Franciscano);
- Em 1520 a.D. – Chegaram os jesuítas fazendo maior impacto;
- Em 1542 a.D. – São Francisco Xavier chega a Goa (Colônia na Costa Oeste na Índia);
- Em 1605 a.D. – Roberto Nobili (nobre italiano), o mais famoso missionário jesuíta da Índia. Evangelizou Goa, fazendo milhares de convertidos e trabalhou 42 anos entre os povos da elite da Índia.

5) Missões no Canadá

- Em 1534 a.D. – padres católicos (franciscanos);
- Em 1611 a.D. – (franciscanos) Onebeque (huranos - tribos indígenas);
- Em 1615 a.D. – Recoletas: os huranos;
- Em 1630 a.D. – Capuchinhos.

Muitos massacres foram feitos pelos índios Mohanks e Iroquais aos missionários jesuítas, levando-os à morte, com terríveis barbarismos.

6) Missões no Japão

- Em 1549 a.D. – São Francisco Xavier (jesuíta): logo em seguida chegaram os franciscanos e dominicanos; surgiram muitas brigas entre eles e os jesuítas;
- Nos editos anticristãos de 1606 a 1614 a.D. – Todos os missionários estrangeiros foram expulsos e os cristãos japoneses foram força-

dos a negarem a Cristo ou morrerem. Perseguições bárbaras - uma das piores na história de Missionários Cristãos ocorreu em 1638 a.D. no velho castelo de Shimbara, com aproximadamente 37 mil cristãos. Quatro meses depois, se entregaram e foram todos assassinados. No Japão, por dois séculos e meio, não havia mais cristãos.

7) Misões nas Filipinas

- Em 1564 a.D. – Agostinianos: Padre Legaspi;
- Em 1577 a.D. – Franciscanos;
- Em 1587 a.D. – Dominicanos;
- Em 1591 a.D. – Jesuítas.

Evangelizaram tão efetivamente as Filipinas que, hoje, as ilhas são católico-romanas, num percentual aproximado de 82% a 85% – mais do grupo jesuíta, porque fundaram e controlaram a maior parte das escolas das Filipinas.

8) Missões na Indochina (Vietnã, Camboja, etc.)

Em 1639 a.D., jesuítas apresentaram o Cristianismo às classes mais altas e instruídas. Converteram-se 200 sacerdotes budistas que estudaram com eles e tornaram-se mestres nas suas escolas. Em pouco tempo, fizeram 300.000 convertidos – hoje, há mais de quatro milhões de católicos romanos. Depois das Filipinas, o Vietnã é o país mais católico da Ásia.

9) Missões nas ilhas e diversos lugares

- Java – 46% muçulmanos (1,1 C.R.\2,5 protestantes);
- Sulawesi – 71% muçulmanos (1,8 C.R.\25,8 protestantes);
- Sumatra – 85% muçulmanos (1,5 C.R.\9,2 protestantes);
- Jrian Jang – 83% cristãos, principalmente protestantes (22,9 C.R.\ 60,5 protestantes), muçulmanos 16% e animistas 10%;
- Flores, Timor Oeste, Alor, Wetar – mais que 80% cristãos;
- Timor Leste – 85% cristãos (81 católicos romanos).

10) Missões no Novo Mundo (As Américas)

- Jesuítas – Brasil (1549 a.D.); Franciscanos e Dominicanos (1500 a.D.);
- Jesuítas – Haiti (1502 a.D.) Franciscanos e Dominicanos (1510 a.D.);
- Jesuítas – México (1523 a.D.);
- Franciscanos e Dominicanos – Cuba (1512 a.D.);
- Capuchinhos – Venezuela (1514 a.D.);
- Franciscanos e Dominicanos – Colômbia (1531 a.D.);
- Dominicanos e Franciscanos – Peru (1532 a.D.);
- Equador – 1560 a.D.;

- Guianas – 1724 a.D;
- 1755 a.D., toda a América central e as ilhas do Chile, etc.; até as Índias Ocidentais Holandesas 1660;
- 1660 a.D.; apóstolo aos índios do Amazonas – Padre Samuel Fritz;
- Depois de 1740 a.D. – Bolívia, Paraguai, Argentina (Jesuítas e Franciscanos);
- América do Norte (Flórida) 1526 a.D. – Franciscanos;
- 1655 a.D. – O resto do Sul dos Estados Unidos.

4.3. Missões Protestantes na Europa – 1600-1800 a.D. (Séculos XVII-XIX)

A igreja centralizou esforços na obra missionária e assim dominou, principalmente, o novo mundo que surgia através dos grandes descobrimentos. Porém, não há o mesmo empenho das igrejas protestantes. A pergunta é: por que levou tanto tempo para as igrejas protestantes acordarem e inaugurarem seu programa missionário? Dentre muitos fatores destacaremos os principais.

1) Sua teologia (a teologia dos reformadores): A grande comissão pertenceu aos apóstolos originais de Jesus – eles cumpriram esse trabalho que era para as gerações seguintes continuarem - se não fizeram, foi por sua própria culpa e erro. O apostolado cessou, e seus poderes milagrosos tendo terminado, terminou também a autoridade e responsabilidade da Igreja de séculos mais tarde mandar missionários por todos os cantos da Terra. Essa era a posição corrente no meio protestante, por isso não davam tanta importância a Missões. As exceções são Adriano Saraiva e Justiniano Von Wetz.

2) Predestinação (doutrina calvinista): Se Deus não predestinar o pagão à salvação, ele não será salvo, se o mesmo for predestinado, Deus fará o necessário para levá-lo a salvação, ou seja, jogam a responsabilidade inteira para Deus e se "livram" do peso.

3) Apocalipticismo: Breve vinda de Jesus, por isso não adianta empreender tanto esforço para evangelização mundial, o que tinha que ser feito foi feito, agora é só esperar a vinda de Jesus para buscar sua igreja, o que, segundo esse pensamento, aconteceria imediatamente, sem dar tempo para qualquer trabalho relacionado a missões.

4) A condição das igrejas: Sem visão e vigor – extremamente pequena. A contra-reforma influenciou muitas igrejas a não agirem. A igreja Católica conseguiu, pelo seu poderio, sufocar as igrejas protestan-

tes, que tomavam corpo ainda e se sentiam coagidas e impotentes para qualquer reação.

5) A briga interna entre as igrejas luteranas e reformadas (Calvino, Lutero, Zwinglio): Os luteranos achavam que os calvinistas não eram salvos. Tais discussões "teológicas" impediam que a igreja se preocupasse de fato com o que era mais importante: a obra de Deus. Inclusive, essa é uma tática de Satanás nos dias atuais: levar igrejas e ministérios ao embate, enquanto as vidas perecem sem Jesus.

6) O isolamento da Europa protestante dos países necessitados de missões: Por causa desse isolamento, continentes como Ásia, África e o Novo Mundo deixaram de ser alcançados.

7) Sem ordem religiosa e disciplina: A competição entre eles de morrer ou viver - levar seu cristianismo. Assim, os movimentos eram valorizados e perdia-se a unidade da igreja; cada um estava preocupado consigo mesmo e fazia o que achava certo.

8) Condições sociais do povo e dos tempos em geral: não havia recursos para fazer tanto, pois a obra missionária demandaria muito dinheiro. Além do mais, os tempos eram difíceis, havia muita perseguição, o mundo estava em transformação. O melhor para eles era esperar e se aquietar, concentrando esforços apenas em manter seus grupos.

4.3.1. A Missão Dinamarquesa – Halle (1683 A.D.)

Fundada como direto resultado do movimento pietista na Alemanha, que foi uma revolta contra a morta ortodoxia e formalismo das igrejas protestantes do Estado. O pai do Pietismo, Philipe Spener, abriu uma missão em Halle (1694 a.D.). Depois da sua morte, tornou-se líder Augusto Franke. Halle tornou-se o centro educativo do Pietismo; chamava-se "A Missão Dinamarquesa – Halle", devido ao fato de que o original impulso para o trabalho veio da Dinamarca.

4.3.2. Missões dos Morávios no Mundo

A igreja Morávia originou-se em 1467 a.D., quando os valdenses e morávios formaram uma união (Irmãos Unidos), quase destruída com a contra-reforma.

O Conde Nicolau Zinzendorf (godson) – Spener foi estudante da Escola Primária de Franke em Halle; resolveu dedicar-se totalmente a Deus – tornou-se bispo da Igreja Morávia em 1717 a.D., inspirou e guiou suas atividades missionárias. Fundou uma colônia em uma de suas mansões chamada Herrnhut e tornou-se centro de um movimento missionário mundial. Nos primeiros 20 anos, desde que começou o movimento, tinham mandado mais missionários, e começado mais missões do que os protestantes e anglicanos juntos. Em 28 anos, 226 missionários morávios entraram em 10 países.

Em cada 12 membros, um era missionário. Depois de 240 anos, os morávios ainda continuam a obra missionária em várias partes do mundo; têm quatro bases centrais ligadas à Alemanha (1300 missionários): Inglaterra, Dinamarca e os Estados Unidos. Há mais agências ligadas com eles na Holanda, Suíça, França e Bélgica – e há 15 sociedades missionárias formadas como resultado direto da atividade dos morávios. Vejamos as influências diretas desse grande avivamento.

- Os escravos negros das Ilhas do Caribe (São Tomé); Groenlândia; São Croix; Suriname; A Costa de Ouro; Sul da África; Índias da América do Norte; Jamaica e Argentina (1732 a 1756 a.D.).
- John Wesley, século XVIII, Inglaterra. Seu contato pessoal foi com Zinzendorf. Wesley pregava em média três a quatro vezes ao dia. Andou 400 mil quilômetros a cavalo, pregou 42 mil sermões e escreveu 233 livros. Aos 74 anos de idade, andou a cavalo 250 km em 48 horas, e aos 84, andou 390 km em 80 horas. Fundou a Primeira Igreja Metodista na Inglaterra, e depois nos Estados Unidos. Estabeleceu os alicerces para o movimento moderno de missões sobre William Carey.
- George Whitefield, século XVIII, Inglaterra. Seu ministério teve grande impacto sobre os americanos; foi grande evangelista chamado de príncipe dos pregadores ao ar livre.
- Jonathan Edwards – América: famoso por seu sermão – "Pecadores nas mãos de um Deus irado".
- William Carey.
- "A Sociedade para a Propagação do Evangelho na Nova Inglaterra".
- A Sociedade para Promover Conhecimento Cristão.
- A Sociedade para Propagação do Evangelho em Terras Estrangeiras.

4.3.3. O Despertar do Evangelho para Missões

1) Missões no Oriente – Razões para poucos resultados

- Presença de grandes, antigas, bem desenvolvidas civilizações e culturas; as religiões enraizadas nessas antigas culturas ditam os padrões sociais e políticos, de tal forma que teria de mudar toda a sua cultura caso mudasse de religião; de fato um grande desafio.

- Os sistemas religiosos são baseados em filosofias que apelam à mente oriental. Eles têm seus filósofos, seus mestres, seus reformadores, seus templos, seus mosteiros, suas escrituras sagradas, seus cultos e rituais, seus lugares sagrados, seus deuses (milhões) e numerosos gurus.
- Seus preconceitos e repugnância para costumes e cultura ocidental, dos quais eles não têm correto conhecimento – só através de filmes, revistas, etc. Também seu sistema cultural é diferente demais para aceitar outros sistemas sociais e culturais. Como exemplo, citamos o sistema de castas da Índia. O Evangelho contradiz os ensinos do Hinduísmo. Exemplo: igualdade de todas as classes perante Deus; igualdade entre mulheres e homens.
- Os requisitos e experiências exclusivas do Cristianismo – rejeitava o sincretismo.
- As doutrinas do Cristianismo eram estranhas à mente oriental - pecado do homem – Confúcio ensinou o bem inerente nos homens.
- O número relativamente pequeno de missionários para tão grande continente.

2) Missões na África – Razões para bons resultados

- Grande número de missionários enviados (Mais do que a qualquer outro lugar do mundo). "*Quem semeia com abundância, ceifará com abundância*" (Apóstolo Paulo aos Coríntios).
- Nesta parte do mundo, o colonialismo foi uma bênção – porque terminou as guerras tribais, a escravidão (comércio de escravos). Construíram escolas e hospitais e outros benefícios.
- A estrutura da sociedade africana. Acostumados a terem chefes sobre as tribos, eles aceitaram docilmente os chefes brancos religiosos.
- Grandes investimentos em educação pelas agências missionárias.
- Pouca oposição das religiões nativas.
- O prestígio dos missionários – o continente africano era menos desenvolvido do que a Ásia; os missionários trouxeram tantos melhoramentos, invenções para o povo que eles consideraram os missionários como sendo de uma "tribo superior".
- A natureza profundamente religiosa dos africanos.

3) Missões nas Ilhas do Pacífico – Razões para bons resultados

• A dedicação dos missionários que foram para as ilhas. Viveram a vida toda entre o povo.
• A tradução das Escrituras para seus idiomas e dialetos logo no início da evangelização.
• A união entre os missionários - diferentes igrejas evangélicas trabalharam juntas.
• Não havia sistemas religiosos organizados como o Oriente - tornando, assim, mais fácil a introdução da religião cristã.
3) Missões no Oriente Médio – Razões para fracos resultados
• Islamismo tomou conta nos séculos VII e VIII e nunca mais os cristãos conseguiram ganhar novamente o território perdido.
• Judaísmo tem sido sempre inimigo do Cristianismo.
4) Missões na América Latina – Razões pelos bons resultados
• Grande número de missionários.
• A Igreja Católica – sua religião de cerimônias mortas e formalidades.
• A natureza religiosa do povo.
• A composição étnica do povo.
• A própria natureza, personalidade e espírito do povo; é um povo vivo que gosta de realidade, atividades e movimentos.
• O movimento pentecostal.
• Os trabalhos são mais nacionais do que em outras partes do mundo.

4.3.4. Século XIX: "O Grande Século de Missões"

Este é considerado como o "Grande" século de missões, por causa do despertar para a Evangelização mundial e os esforços empreendidos para tal. Foi um momento que, sem dúvida alguma, influenciou o próximo período histórico, o século XX. Destacamos os principais acontecimentos desse período.
• Chegada de Henry Martyn à Índia - 1806;
• Partida dos primeiros missionários americanos – 1812;
• Alexander Duff chega à Índia – 1830;
• Livingstone chega à África – 1841;
• Krapt alcança o Quênia – 1844;
• Stanley começa a jornada de 999 dias;
• Grenfell chega ao Congo;
• Mackay na Uganda;
• Taylor chega a Changai;
• Missionários protestantes alcançam o Japão;

- A Coreia recebe seu primeiro missionário protestante;
- Duff viaja para o Pacífico Sul;
- Início da missão Havaiana - 1820;
- A Bíblia é publicada em italiano;
- Fundação da Junta Americana de Missionários para Missões Estrangeiras - 1810;
- Whitman vai para Óregon;
- Fundação da Missão para o Interior da China;
- Fundação da Aliança Cristã Central e da Missão Americana Central;
- Missão para o Interior do Sudão;
- Missão para o Interior da África.

Esses e muitos outros acontecimentos contribuíram para que, no século XX, o Evangelho pudesse ser difundido no mundo. São exemplos de como a Igreja pode se voltar para a obra de Deus e com fé e ousadia alcançar o inalcançável.

Questão para Reflexão

A ação do Espírito Santo na vida de homens e mulheres nesses séculos estudados serve de experiência para os missionários atuais. Em sua opinião, a obra missionária tem tido a devida atenção nos dias de hoje? Por que esses nomes não são lembrados na atualidade? Esse despertar é necessário hoje? Justifique sua resposta e comente com os colegas.

CAPÍTULO 5

Missões no Século XX

O século XX pode ser considerado um divisor de águas; o ponto chave para a expansão do Cristianismo no mundo. Ele é resultado de acontecimentos históricos do passado, principalmente da Reforma e com maior ênfase no século XIX que, de certa forma, preparou o terreno para a consolidação de Missões; depois dele, nos lançamos no século XXI que é reflexo do que aconteceu no século anterior, o XX, claro que com algumas mudanças significativas, pois o mundo mudou na sua cultura, economia e religiosidade. É impossível descrever o movimento missionário do século XX e início do XXI, abarcando a sua totalidade. Por isso, neste capítulo, trataremos dos principais acontecimentos em Missões e destacaremos o trabalho missionário na América Latina.

5.1. O Trabalho Missionário no Contexto do Século XX

O marco do fim do grande século missionário (XIX) foi a Primeira Guerra Mundial, em 1914. Porém, isso não quer dizer que no século XX missões desapareceram ou enfraqueceram; na verdade, apenas as circunstâncias que envolviam a humanidade no campo da sociologia, filosofia, economia e principalmente a antropologia estavam sofrendo mudanças significativas a partir da cosmovisão que se apresentava no mundo. Este novo século também seria marcado por importantes conquistas na obra missionária. Se no século XIX uma das facilidades para a expansão do Cristianismo era a locomoção através da criação de veículos que possibilitavam percorrer grandes distâncias em menor tempo, o século XX dá um salto enorme, pois não só houve avanço no aperfeiçoamento dos veículos, como surgiram outros que facilitariam muito percorrer longas distâncias. Foi um século em que o homem podia fazer uso dos céus, através dos aviões; a tecnologia se aperfeiçoava e com ela vieram os meios de comunicação que, se bem utilizados, são ferramentas excelentes para a divulgação do Evangelho. Como exemplos, podemos citar:

- O desenvolvimento da Mídia televisiva, que mesmo em décadas remotas, possibilitou o aparecimento de grandes televangelistas que anunciavam o Evangelho de Cristo;
- O cinema também trouxe grande contribuição. Um dos filmes mais vistos no mundo é o filme Jesus;
- O Telefone, o Jornal, as Revistas etc.;
- A Internet, embora seja um instrumento de comunicação mais utilizado no século XXI, foi importante também nesse século.

5.1.1. O Resultado das Duas Grandes Guerras na Obra Missionária

- O período da Primeira Guerra: embora tivesse sido um período aparentemente tranquilo para o trabalho missionário, teve suas dificuldades não pela guerra em si, mas pelas dificuldades oriundas da própria guerra como, locomoção e falta de recursos.
- O período entre as duas guerras: houve consolidação da obra missionária, principalmente com a abertura de novas frentes de evangelização. Com o trabalho sendo desenvolvido, o desejo pela obra aumentou. Havia otimismo devido à expansão industrial e territorial; com isso os recursos aumentaram e ocorreram grandes avivamentos.
- O Período da Segunda Guerra: o problema nesse momento foi que os missionários enfrentavam dificuldades para voltarem para sua terra e outros, que estavam na sua própria nação, estavam impossibilitados de retornarem aos campos. Havia muitos com o desejo de ingressar na frente de batalha, mas tiveram que esperar. O problema maior foi o pós-guerra, pois com ele veio a escassez de recursos e não somente isso, mas missionários que se pareciam com alemães eram rejeitados em muitas nações.

5.2. **Principais Fatores que Influenciaram a Obra Missionária**

• O Pentecostalismo ganha força, se fortalece e passa a ser o grande diferencial para o avanço missionário no mundo. Crentes cheios do Espírito Santo estavam dispostos a entregar a própria vida pela pregação do Evangelho.

• Surgimento do Conselho Mundial de Igrejas: Em 1910, a Conferência de Edinburgh marca o início do trabalho ecumênico, da qual surgem três ramificações: a Life and Work (Vida e trabalho) – pragmática; a Order (Fé e ordem) – teológica; e o Conselho Mundial de Missões. Em 1961, os três se unem numa só organização com as funções de estatística, planejamento, informação e conscientização.

• As mulheres ganham um espaço importante para missões; deixam de ser apenas mulheres dos missionários e passam a ser missionárias de fato. A força delas na obra é notória e é vista até os dias de hoje.

• Agências missionárias surgem e se fortalecem, dando grande suporte para o envio de missionários ao campo.

• O Movimento Estudantil dos Estados Unidos levou muitos jovens a se entregarem ao trabalho de evangelização mundial.

• Dentre as muitas iniciativas missionárias, surgem, naquele contexto, obreiros que se dispunham a ir para o campo sem garantia de sustento financeiro, somente pela fé.

• A crença de muitos de que Jesus viria nesse século, pois ele antecedia a virada do Milênio (2000 para 2001); além do mais, havia um pensamento popular, que influenciava também os crentes, de que mil passaria, mas dois mil não passariam. Por causa disso, muitos se entregaram ainda mais por missões e até o final do século o terreno estava propício para a pregação do Evangelho com ênfase na volta de Cristo.

• O surgimento de várias denominações e igrejas sendo inauguradas marca esse século e também contribui para o avanço da obra de Deus.

• A força dos Estados Unidos da América no trabalho missionário; eles literalmente invadiram o mundo através de seus missionários.

• Surge o Movimento de Lausanne: o lema era o Evangelho Integral, ou seja, "Toda a igreja levando todo o Evangelho a todo homem em todo o mundo". A partir da conferência em Lausanne, na Suíça, o papel de evangelização mundial pelos crentes é enfatizado e discutido. Desse encontro, melhorias são vistas na obra missionária:

preocupação com a orientação teológica em Missões; incentivo à obra missionária destacando a responsabilidade do crente em cumprir o "Ide" de Jesus; melhor planejamento; conscientização da importância da intercessão e cooperação voluntária para com a obra, principalmente com as ofertas.

• O crescimento da igreja alavanca a expansão do Cristianismo no mundo.

• Nas Assembleias de Deus, surge o movimento denominado "Década da Colheita", cujo objetivo era centralizar esforços no despertar dos crentes assembleianos para a realidade missionária e incentivar seus jovens à entrega por missões.

• Desenvolvimento de trabalhos de implantação de igrejas.

• Enfoque missionário voltado para a janela 10\40, que são países em uma determinada faixa no globo terrestre marcados pela intolerância religiosa, pelas dificuldades para a penetração do evangelho, pobreza, miséria, segregações e guerras étnicas. Um grande desafio até os dias de hoje, pois grande parte é dominada pelo Islamismo, Budismo e Hinduísmo. Lá estão os 62 países menos evangelizados do Mundo; 97% de povos não alcançados e 82% da população mais pobre do mundo.

5.3. A Expansão Missionária na América Latina

A história nos revela como o Cristianismo chegou ao continente latino. Os países da Europa empreenderam esforços na conquista de novas terras, com isso um novo continente foi descoberto. Os desbravadores representavam não somente seu país, mas também a fé cristã. Em 1492, Cristóvão Colombo chega às Bahamas; em 1500, Pedro Álvares Cabral chega ao Brasil; em 1519, Hernán Cortés ao México; em 1531, Francisco Pizarro chega ao Peru. Esses desbravadores fizeram seu papel perante os reinos que representavam; em seguida, esses reinos enviavam outros para colonizar a nova terra descoberta e uma das maneiras era através da religião. O Cristianismo chega então pela igreja Católica, dominante nos países da Europa, porém com algumas características: imposição da fé cristã; superficialidade e principalmente o sincretismo, pois se aproveitaram de elementos religiosos já existentes e não os diferenciaram do Cristianismo. Um Evangelho carregado de misticismo espanhol e português. Os que mais sofreram com o proselitismo forçado católico foram os índios, que eram enganados e forçados a se converterem e os negros escravos vindos da África, que aqui na região eram obrigados a deixar seus deuses e aceitar a cristandade.

As missões católicas podem ser divididas em:

a) Heróica: conversão e batismo dos indígenas;

b) Missionária: ensino sistemático da doutrina e prática cristã;

c) Paroquial: consolidação do catolicismo.

Os protestantes, apesar de terem demorado um pouco para a expansão missionária nesse continente, trouxeram sua contribuição; a primeira tentativa foi com os huguenotes franceses, com a chegada no Brasil de Villegagnon em 1555. Depois vieram os reformados holandeses em1624 e 1654, porém fizeram muito pouco. No Panamá, vieram os escoceses e até mesmo os morávios trabalharam no continente latino-americano.

Foi somente no começo do século XIX que as igrejas começaram a se estabelecer em solo latino-americano. Vieram alemães, ingleses, italianos e americanos e outros grupos europeus. A Igreja Anglicana do Rio de Janeiro foi uma das primeiras igrejas fundadas e existe até hoje.

Já no século XX, o crescimento evangélico na América Latina tem sido forte. Em 1900, eram em torno de 14.000 e em 2000, em torno de 25 milhões (IBGE). Houve grande avanço através do movimento Pentecostal e posteriormente do Neo-Pentecostal, principalmente no Brasil.

O século XX também é considerado o grande momento das agências e sociedades missionárias. As mais conhecidas são as Sociedades Bíblicas e para Tradução da Bíblia. O terreno é preparado e entramos no século XXI, marcado por muito misticismo e pela continuidade do trabalho missionário no mundo, principalmente no Brasil, o qual toma proporções gigantescas fazendo desse país uma grande promessa para divulgação do Evangelho em todas as partes da terra.

Questão para Reflexão

Faça uma análise do futuro da obra missionária no Brasil e no mundo. Em sua opinião, o que falta para que o Brasil, de fato como um celeiro de missionários, desponte no cenário mundial como uma potência missionária. Comente com os colegas.

nados e forçados a se converterem e os negros escravos vindos da África, que aqui eram obrigados a deixar seus ritos e adotar a cristandade.

As missões católicas podem ser divididas em:

a) Heroica: conversão e batismo dos indígenas.

b) Missionária: ensino sistemático da doutrina e prática cristãs.

c) Europeia: consolidação do catolicismo.

O protestantismo, apesar de estar em desvantagem, desde o início [illegible] a presença missionária [illegible] França Antártica, de 1555 [illegible] Calvinistas [illegible] (1630-1654) [illegible]

[illegible]

[illegible] de Janeiro [illegible] XIX [illegible] 1800 [illegible] de 1810 [illegible] protestante e o início do [illegible] Brasil.

[illegible]

[illegible] trabalho [illegible] uma grande [illegible] igrejas.

Questões para reflexão

Com a análise da história da obra missionária no Brasil [illegible] importante [illegible] como uma potência missionária [illegible] colegas.

UMA PERSPECTIVA PRÁTICA DE MISSÕES

Missões com certeza é um assunto envolvente e que desperta interesse, pois a razão de ser da Igreja é pregar o Evangelho a toda criatura até que Jesus volte. O próprio Deus nos dá exemplo da importância dessa obra ao dar o que de melhor Ele tinha para cumpri-la. No evangelho de João (3.16) está escrito que o amor de Deus pela humanidade é de tal maneira inescrutável, que entregou seu próprio Filho Unigênito para morrer por ela. De fato, amar só de palavras não é tão difícil, porém o amor verdadeiro é aquele que se manifesta pela ação. Missões enchem os olhos e os corações de muitos crentes; a maioria se apaixona pela obra missionária quando houve relatos do campo missionário ou quando são tocados pela mensagem em tom missionário, porém não procuram de fato saber o que é fazer missões, quais são as implicações, as dificuldades e quais preparos são necessários. Por esse motivo, há muitos missionários que se aventuram no campo, mas são poucos os que permanecem.

Pelo motivo exposto, achamos conveniente separar uma unidade para tratarmos de um assunto relevante para o sucesso do missionário nessa tão importante tarefa, que é a obra missionária na prática. Sendo assim, no primeiro capítulo, discutiremos sobre o chamado do missionário; no segundo capítulo, falaremos diretamente ao missionário, abordando as qualidades e qualificações necessárias para o desempenho de suas funções; no terceiro capítulo, destacaremos o preparo do missionário, pois só boa vontade não adianta para a obra de evangelização; no capítulo quatro, apresentaremos os deveres e trabalhos do missionário e, por fim, no capítulo cinco, trataremos de um tema importante e real, que são os grandes nomes em missões e seus trabalhos.

CAPÍTULO 1

A Chamada do Missionário

O quadro atual da humanidade é caótico no que diz respeito à espiritualidade. São muitas nações e milhões de pessoas que não conhecem de fato a Jesus e sua obra redentora, seres humanos que além de sofrerem neste mundo por causa da ganância, do orgulho e da vaidade dos homens, ao morrerem não desfrutarão de descanso, mas enfrentarão a dura realidade de passar os tempos eternos longe da presença do Senhor. Muitos desses sequer têm a chance de poder fazer uma escolha, pois o Evangelho não chega até eles; e por que não os alcança? A resposta está diante dos nossos olhos: faltam pessoas dispostas e preparadas para levar a mensagem de libertação que garante vida eterna de gozo e paz. Podemos afirmar que o Senhor Deus foi o primeiro missionário, pois, ao ver a situação espiritual degradante do homem, providenciou um meio para resgatar esse homem agora perdido em densas trevas. O Senhor, para resgatar a humanidade perdida, prometeu levantar "Um" que traria o homem de volta à comunhão com seu Criador e este seria seu próprio Filho; forneceu condições para que o seu plano pudesse ser compreendido e para que os seres humanos pudessem estar sempre a par do que iria acontecer; isso é possível pela sua Palavra. Portanto, somente pela Mensagem escrita de Deus o homem encontra a salvação e essa boa notícia deve ser pregada custe o que custar. Não é tão difícil, hoje, pintar o quadro da realidade humana, os homens estão perplexos pelo que está acontecendo: violência, corrupção, imoralidades, fome, pobreza, doenças, desgraças e mais desgraças; falta de amor. Nessa realidade está a Igreja, a agência missionária de Jesus na terra que, através de seus membros, tem condições necessárias para mudar esse quadro na vida de muitos. Porém, o que falta hoje são pessoas para essa tão grande tarefa. Pensando nisso, neste capítulo, trataremos da chamada missionária, abordando pontos importantes para cumprir essa tarefa: a conscientização da importância dessa obra e a convicção do chamado missionário.

1.1. Conscientização Missionária

Diante da situação espiritual do mundo e da necessidade de apresentar o Evangelho a todos os homens, o servo de Deus deve tomar uma importante decisão, pois encarando essa realidade ele tem três escolhas a fazer: fugir, apenas observar ou agir. É necessário que todos os crentes compreendam que apenas se sensibilizar com os relatos missionários ou ver pelos meios de comunicação a miséria de alguns países e principalmente o sofrimento ímpar dos pequenos inocentes não é suficiente para agradar a Deus. De fato, o que o Senhor quer é que seus servos parem de se lamentar e de se condoer pelos outros e passem a pôr em prática a ordem de ir pelo mundo levar as boas-novas de salvação. Essa conscientização se dá da seguinte maneira:

a) Gratidão a Deus: todos os crentes devem olhar para trás e lembrar o seu passado, no intuito de valorizar o que o Senhor fez por eles e assim se dedicarem no trabalho de estender a outros a bênção que ele recebeu. Pois, se ouviram o Evangelho e tiveram a oportunidade de aceitá-lo é porque alguém se conscientizou e se dispôs a pregá-lo. Sigamos o exemplo do apóstolo Paulo, outrora perseguidor da Igreja, mas, depois de ter tido um encontro com Cristo, foi transformado em um dos maiores e mais eficientes defensores da fé cristã. Paulo, depois que seus olhos foram abertos, passou a pregar o Evangelho com ousadia e dinamismo; foi o que mais fez pela obra missionária naquela época e seu empenho e cuidado para a expansão da mensagem de salvação aos gentios atravessou as eras, através de seus escritos, atingindo a todas as gerações que vieram após ele. Tudo o que Paulo fez pela obra de Deus foi por puro amor e gratidão, pois ele sabia o quanto ele era devedor e não merecia estar onde estava e nem ter a honra que tinha agora. Isso está explicitado na sua carta aos Filipenses (1.20 e 21): "*Segundo a minha ardente expectativa e esperança, de que em nada serei confundido; antes, com toda a ousadia, Cristo será, tanto agora como sempre, engrandecido no meu corpo, seja pela vida, seja pela morte. Porque para mim o viver é Cristo e o morrer é lucro*". Assim como o apóstolo Paulo, todo missionário, ou aquele que tem o chamado, deve ter um encontro pessoal com o Senhor Jesus, ter uma experiência marcante com o Senhor e saber que é devedor, portanto a sua entrega deve ser total na tarefa de evangelização mundial. Esse sentimento de gratidão a Deus e àqueles que se dedicaram à pregação do Evangelho é que levará o comissionado para essa missão, a ter a mesma dedicação para alcançar outros que ainda não tiveram a mesma chance. Conta-se a história de um missionário que foi trabalhar no meio de uma tribo indígena e que, após muito esforço, conseguiu aprender sua língua e pregar-lhe o Evangelho. Num dado momento, o filho do cacique da aldeia foi até o missionário e lhe deu uma bofetada na face. As pessoas presentes não entenderam aquela atitude e ao perguntarem por que tinha feito aquilo, o filho do chefe da tribo disse para todos ouvirem que os missionários deveriam ter vindo há cinco anos, pois assim seu pai, que morrera, teria tido a oportunidade de ser salvo, ou seja, o filho queria saber por que os missionários demoraram tanto. Essa é uma ótima ilustração para entendermos que o tempo é curto e que as oportunidades não podem ser desperdiçadas; necessário é pregar o Evangelho agora, mesmo com todas as dificuldades devemos ir avante, pois disso dependerá o destino eterno de muitos. Imaginemos se o Senhor Jesus tivesse voltado há 20 anos, muitos dos que estão estudando esse livro estariam perdidos; porém, se o Senhor deu essa chance, apenas como gratidão, não meçamos esforços para levar a mensagem de salvação adiante.

b) Responsabilidade diante do Senhor: ter a oportunidade de ouvir a Palavra de Deus e por ela ter a certeza da salvação é, sem dúvida alguma, maravilhoso e indescritível, porém não podemos ser egoístas e querer essa bênção somente para nós, não é correto retê-la. A Escritura Sagrada é clara quando demonstra o valor imensurável da nossa salvação: o sangue de Jesus, o Filho Unigênito do Pai. Jesus, enquanto aqui esteve, deixou claro que estava cumprindo a vontade do Pai, veio para dar cabo de uma tarefa imposta a Ele, embora

Ele mesmo não tenha feito por pura obrigação e sim por amor, mas nos deixa exemplo de responsabilidade e abnegação para salvar a humanidade. Portanto, fazer a nossa parte é o mínimo que podemos fazer e a nossa porção nesse trabalho é proporcionar condições reais para que o Evangelho seja pregado a toda criatura. O Senhor Jesus deixou essa ordem de anunciar a sua Palavra ao mundo (Mc 16.15); se é, portanto, um imperativo, quer dizer que temos uma obrigação a cumprir e que deve ser feita com responsabilidade e bem depressa. Na primeira carta aos coríntios, (1.16 e 17) o apóstolo Paulo escreve: "*Pois, se anuncio o evangelho, não tenho de que me gloriar, porque me é imposta essa obrigação; e ai de mim, se não anunciar o evangelho! Se, pois, o faço de vontade própria, tenho recompensa; mas, se não é de vontade própria, estou apenas incumbido de uma mordomia. Logo, qual é a minha recompensa? É que, pregando o Evangelho, eu o faça gratuitamente, para não usar em absoluto do meu direito no evangelho.*" O apóstolo tinha consciência plena de sua obrigação quanto à pregação da Palavra de Deus, pois reconhecia que a sua dívida para com o Senhor era impagável, o mínimo a ser feito era se tornar um holocausto vivo de Deus para ser usado na sua obra. Portanto, quando formos ao campo missionário, ou contribuirmos para com a obra, ou ainda darmos a própria vida pela pregação do Evangelho, isso não deve ser motivo de vanglória; se queremos nos gloriar, gloriemos-nos no sacrifício maior realizado por Jesus na cruz do calvário. O apóstolo, ao qual temos nos referido como exemplo, encarava a obra de evangelização mundial não como caridade, favor ou filantropia, mas como obrigação, como dívida a ser paga e que, na verdade, mesmo com todo esforço jamais seria quitada. Isso posto, queremos afirmar que o missionário deve compreender que ele tem uma dívida, que ele deve algo, deve evangelho do Senhor Jesus aos homens, por isso deve fazer de tudo para pagar essa dívida.

c) Demonstração de Amor a Jesus e ao Próximo: a obra missionária é feita por gratidão a Deus, pelo cumprimento de uma obrigação, mas também é realizada por amor. Jesus fez tudo o que fez simplesmente porque nos amou; amou tanto que deu sua vida pela humanidade. É impossível ver a miséria espiritual e material da comunidade global e não nos importarmos. Jesus disse que o maior mandamento é amar a Deus sobre todas as coisas e o segundo, que é semelhante ao primeiro, é amar ao próximo como a si mesmo (Mt

22.34-40). Amar de verdade é fazer sem esperar algo em troca, entregar-se sem por isso receber honra e glória. Semelhante ao samaritano da parábola contada por Jesus: ele fez o bem, mesmo sabendo que não seria reconhecido e que não receberia honra. O mundo está clamando, está sedento e ávido pela paz verdadeira. Nós, os crentes, temos a água purificadora, conhecemos a paz e é impossível não ouvir o clamor das almas perdidas em densas trevas. Movido por amor e compaixão, faremos de tudo para alcançar essa sociedade, não teremos a nossa vida por preciosa, contanto que o evangelho seja anunciado e vidas sejam arrebatadas das garras de Satanás e do domínio do pecado. Paulo demonstra tamanho amor pela evangelização dos perdidos que chega a desejar ficar na terra sofrendo a ir para o céu com o Senhor Jesus. Que dizer do Diácono Estevão, que mesmo sendo apedrejado proferiu palavras de puro amor, orando ao Senhor para que não imputasse aos seus agressores pena por aquilo que faziam, pois, para ele, mais importava que fossem salvos; ele os via como uma multidão desorientada que não fora doutrinada sabiamente e estava cega pelo inimigo.

O primeiro passo para aquele que deseja se entregar integralmente à obra de Missões é se conscientizar da realidade caótica em que se encontra a humanidade. Tendo consciência desse fato, com certeza se dedicará mais e estará disposto a enfrentar tudo para levar adiante essa obra. O reconhecimento pelo que foi feito por ele, também é fator preponderante para anunciar o Evangelho ao mundo. Há vidas, neste mundo, cujo destino está ligado ao cumprimento de nossas obrigações para com a ordem de Jesus sobre pregar a Palavra a todos os povos sobre a face da terra.

1.2. A Convicção da Chamada Missionária

Podemos afirmar que há três maneiras de fazer a obra de missões: "Ir", "Contribuir" e "Interceder". Logo que nos deparamos com a necessidade missionária, começamos a pensar sobre o que fazer, como fazer e quando fazer.

1) A Difícil Tarefa de "Ir": a obra de Deus precisa de pessoas, de homens e de mulheres dispostos a se doarem, principalmente quando se trata de ir para a frente de batalha, pois isso significa deixar para trás projetos pessoais, conforto familiar e até aspirações acadêmicas e profissionais. Porém, nem todos, cujos corações ardem por missões, são chamados para a frente de batalha. Não adianta estar cheio de boas intenções e pensar que só isso basta para enfrentar o campo de batalha. Mas como saber se o servo de Deus foi comissionado para essa tarefa de linha de frente? Há uma série de fatores que observaremos em breve, mas só o fato de se preocupar se há chamado para tal obra já é um grande passo para evitar frustrações e erros que trazem prejuízos para todos.

2) A Tarefa de Contribuir: nem todos têm o chamado para "ir", ou seja, estar na linha de frente; porém, contribuir todos podem, isso, é claro, de acordo com suas possibilidades.

3) O Ministério de Intercessão: se porventura alguém não puder ir para o campo e nem mesmo contribuir financeiramente; poderá com certeza interceder. Porém, não se deve fazer desse ministério um meio de escape para não ir e nem contribuir. Interceder é, sem dúvida, tão importante quanto os outros dois, pois a obra missionária é uma batalha espiritual contra as hostes infernais que só podem ser vencidas na oração. Talvez quem esteja na frente de batalha não tenha condições, ainda que quisesse, de se dedicar totalmente à oração e consagração, devido ao trabalho árduo e constantes perseguições. Nesse caso, os missionários dependem das orações e intercessões dos irmãos que ficaram. Da mesma maneira, a oração é importante para que Deus abra as portas aos irmãos que estão disponibilizando seus recursos financeiros para manter a obra.

1.2.1. Compreendendo o Chamado

Chamado tem a ver com vocação, que significa aptidão para desenvolver com o máximo de perfeição algum tipo de trabalho ou realização, nesse caso específico, a obra missionária. Biblicamente falando, entendemos que o chamado pode ser coletivo ou individual, universal ou específico.

a) Chamado coletivo: refere-se a uma escolha coletiva para uma determinada missão, ou seja, são vários os envolvidos no trabalho; aliás, todos que quiserem podem se envolver e as tarefas podem ser realizadas por todos que assim desejem. Isso posto, podemos afirmar que dentro do chamado coletivo, todos têm responsabilidades e serão cobrados por elas. O chamado universal, como o próprio nome indica, não se restringe a um povo ou a uma pessoa, ele abrange todos sem distinção. Dessa forma, na obra de Deus, todos têm um chamado: o chamado para evangelizar, pregar, socorrer os necessitados etc. Em relação a Missões, ocorre o mesmo, todos têm responsabilidades.

b) Chamado individual: refere-se a uma escolha pessoal e específica para desempenhar uma tarefa. A pessoa é escolhida por Deus para um trabalho específico e único. É um trabalho diferenciado e, mesmo que a pessoa tenha aptidão para desenvolvê-lo, deverá buscar aperfeiçoamento. Na obra missionária, como mencionado anteriormente, nem todos irão para a frente do campo de batalha, como também outros não terão condições de contribuir, mas poderão ir e ainda aqueles que estão na linha de frente, não terão condições de se dedicarem inteiramente à intercessão, pois dependerão de pessoas que, onde estiverem, se comprometam a sustentar a intercessão. O importante é cada um ter consciência de seu trabalho.

1.2.2. O Real Significado de Vocação

Alguns pontos devem ser considerados em relação à obra de Deus, para que não haja motivações escusas e contrárias à vontade do Senhor. A obra missionária exerce certo fascínio em muitos, pois pensam que fazer essa obra é se aventurar pelo mundo ou um meio de projeção, porém não é assim. Algumas considerações importantes sobre esse ponto:

a) O Chamado missionário não é para projeção de ninguém. Se o objetivo do "missionário" é ficar alguns meses em algum país para depois retornar com status e honra elevada, o que lhe dará o direito de exigir certos benefícios, ele está totalmente equivocado sobre sua chamada.

b) Não é uma oportunidade de se realizar na vida material e espiritual. Alguns vão para o campo missionário como cooperadores e se acham no direito de, algum tempo depois, retornarem para serem consagrados a pastores e dirigirem grandes igrejas.

c) Enfrentar o campo missionário é na verdade ser mais servo ainda do que os outros.

d) Não adianta ir para o campo missionário pensando que lá acontecerá a mesma coisa que na igreja local; são realidades diferentes. Enquanto aqui no Brasil em pouco tempo se enche uma igreja, em outros lugares se gastarão anos para conseguir um pouco de crentes.

e) Experiência missionária não se adquire instantaneamente, é um processo demorado e dificultoso.

f) Para fazê-la, é necessário preparo em todos os sentidos, não basta somente o chamado.

1.2.3. Descobrindo o Chamado

A dúvida que permeia o coração de muitos servos de Deus é sobre o seu chamado para fazer parte do grupo de obreiros para a seara do Mestre em lugares estranhos. Isso porque a maioria dos chamados de Deus exige renúncias e em alguns casos desapegos mais profundos como, emprego, estudos, projetos pessoais etc. O equívoco, nesse caso, pode não só trazer frustrações como prejudicar toda uma vida. Porém, não é tão difícil assim, basta estar atento ao que está acontecendo à sua volta e o servo de Deus compreenderá o que Jesus quer da sua vida. A seguir, apresentamos alguns pontos importantes para se ter convicção do chamado específico do Senhor para a obra missionária.

a) o chamado está no âmbito espiritual: no mais profundo da alma, naquele lugar onde só Deus pode perscrutar. O vocacionado ouvirá uma voz falando à sua consciência, como que martelando sobre a sua chamada específica; isso lhe servirá de chamada para o serviço do Senhor, como se fosse de trombeta. Portanto, em primeiro plano, o Senhor falará ao coração daquele que tem o chamado específico para obra de missões. Ele sentirá o chamado, só falta a confirmação.

b) o chamado vem de Deus: é o Senhor quem toma a iniciativa, não é necessário correr atrás de alguns meios para desempenhar uma tarefa específica para Deus. Ele é quem chama, o que se tem de fazer é aguardar o tempo dEle. Importante ressaltar, que a chamada divina não é igual para todos; Ele trabalha de diferentes maneiras; o que faz com um, necessariamente não será o mesmo com outro. Nesse quesito, deve-se tomar muito cuidado para não pensar que está sendo chamado por Deus quando na verdade está atendendo a um chamado meramente do homem. Não adianta forçar o chamado, quando é do Senhor, acontece naturalmente.

c) o chamado é orientado pelo Espírito do Senhor: após dar o toque sobre o chamado, Deus, através do seu Espírito, norteará o servo dEle. Ele o separará para a obra específica e, a partir de agora, o chamado fica mais nítido e específico. A Bíblia nos dá exemplos disso, como é o caso da chamada de Paulo e Barnabé (At. 13:2). A orientação do Senhor será sempre tão clara e definida como a Sua chamada original. Não se deve ir ao campo simplesmente porque participou de um congresso de missões e lá assistiu a um vídeo sobre determinado país e suas misérias; deve-se ter convicção de que Deus quer realmente enviar o vocacionado. E se for da vontade dele, seu Espírito se encarregará de orientá-lo.

d) haverá sensibilidade espiritual no chamado: muitos ficam preocupados e até temerosos em receber o chamado de Deus para algum trabalho específico e tentam se esquivar de todas as maneiras. Se houver essa preocupação exacerbada, já é um claro sinal de que alguma coisa está errada. Quando Deus chama, Ele coloca nos corações o desejo ardente de fazer a obra. O seu Espírito sopra sobre aqueles que Ele quer separar. Haverá, portanto, um despertar para a realização da obra missionária. O servo de Deus terá em elevada estima o trabalho a ele destinado. Perceberá a grandeza de servir ao Senhor e não haverá nada mais importante na vida.

e) o chamado é precedido de sinais: isso quer dizer que quando o Senhor comissiona, antes de se concretizar de fato, Ele dá sinais para os seus servos. Deus pode sinalizar através de sonhos, visões, revelações proféticas ou qualquer outra circunstância que indique claramente o chamado. Porém, não se devem confundir os sinais. Certa irmã, empregada doméstica, disse para seu pastor que Deus revelou para ela que seria missionária na Alemanha; o pastor, conhecendo-a bem, ficou em dúvida sobre esse chamado tão repentino e para um país como aquele. Ao indagá-la sobre seu local de trabalho, ela afirmou trabalhar para um senhor que era alemão; ele, então, disse a ela que, na verdade, não seria ela a ir para a Alemanha, mas que deveria pregar o evangelho para o seu patrão e ele iria retornar para seu país e lá pregar o evangelho, e aconteceu exatamente como o pastor falou. Houve muitos que se precipitaram por causa de um sonho ou revelação e não entenderam o que Deus queria fazer, e a consequência foi frustração e em alguns casos total desestímulo quanto à fé.

f) o chamado passa pelo crivo dos outros: quer dizer que além dos sinais, do sentimento no coração, da voz de Deus no íntimo e a orientação do Espírito de Deus, haverá também o reconhecimento dos crentes da comunidade, os quais verão nitidamente que o tal servo de Deus tem chamada para a obra missionária. Não será surpresa para uma grande maioria quando o vir atuando na obra de

Deus de maneira específica. Todos perceberão o chamado, principalmente a liderança.

É importante que o crente atente para esses detalhes, evitando assim transtornos para a sua vida e para o bom andamento da obra de Jesus. Se o que foi colocado anteriormente não se aplica a alguém que se diz chamado por Deus, alguma coisa está errada; é bom orar ao Senhor e pedir que Ele confirme. Na obra missionária, o melhor é ser enviado, ter uma cobertura espiritual e material de uma liderança, Ministério ou igreja. Essa obra não admite aventureiros; é necessária a estratégia e a boa organização para que se tenha o resultado desejado.

1.2.4. Considerações Finais sobre o Chamado Missionário

A questão para muitos crentes é saber se de fato são chamados para fazer missões. Nada é mais importante para o servo de Deus do que ter convicção de que está dentro da vontade do Senhor; pois, com essa convicção, será mais fácil passar pelas provas que enfrentará no labor missionário. Em conferências missionárias, simpósios e cultos missionários, o coração é sensibilizado e o desejo de fazer missões brota com facilidade, mesmo assim, é necessário ter convicção. Há muitas ideias sobre o que é a chamada. Algumas são baseadas mais em sentimentos puramente humanos do que na realidade espiritual e bíblica. Só a Bíblia poderá resolver este problema de definir uma chamada missionária. Evidentemente, o livro de Atos é o livro de Missões, é o lugar onde encontramos a resposta.

Questão para Reflexão

Sabendo da importância da obra missionária e quão difícil é realizá-la, principalmente por causa da seriedade dessa obra e por ser um trabalho para o Senhor Deus, faça uma análise crítica sobre os missionários lançados ao campo nos dias atuais. A maioria está de fato preparada? As motivações são corretas? Você conhece algum missionário aventureiro? Comente com os colegas.

Qualidades e Qualificações do Missionário

A obra de Deus, ao contrário do que a maioria pensa, não pode ser realizada de qualquer maneira. Aqueles que se colocam à disposição do Senhor Jesus para fazê-la precisam entender que deverão buscar preparo e se qualificarem para exercê-la. A Bíblia diz que os anjos bem que intentaram realizar essa tarefa, mas isso lhes foi negado, pois não tinham qualificações específicas para desempenhá-la. Deus usaria seres com experiência de novo nascimento para levar outros ao mesmo caminho de restauração, coisa que os anjos não têm experiência, visto que não passaram por tal situação. Sabendo do desejo de muitos crentes em ajudar nessa obra, destacaremos, neste capítulo, as condições necessárias para a realização missionária. Mostraremos que o próprio Deus se preocupa em preparar seus servos para a obra e quais especificações são necessárias para o bom desempenho da tarefa.

2.1. O Perfil do Missionário

O termo "missionário" não é especificamente encontrado na Bíblia, porém o trabalho missionário é muito bem enfatizado. Essa palavra que tem sua origem no latim "Missio", que significa "enviar", está presente em toda a Escritura Sagrada, pois todos os esforços estão centrados na obra de redenção da humanidade através da pregação do Evangelho que aponta Cristo como o autor e consumador da salvação.

No entanto, para essa tarefa, o servo de Deus precisa desenvolver algumas características próprias daquele que quer de fato ser usado por Deus para levar a Mensagem da salvação. Isso significa que não há como fazer essa obra de qualquer maneira, devem-se levar em conta cuidados materiais e espirituais. Deus primeiro dá uma visão, depois conscientiza, oferece condições e em seguida chama. Essa sequência é percebida no livro do profeta Isaías que diz:

> "*No ano em que morreu o rei Uzias, eu vi o Senhor assentado sobre um alto e sublime trono, e as orlas do seu manto enchiam o templo... Então disse eu: Ai de mim! Pois estou perdido; porque sou homem de lábios impuros, e habito no meio dum povo de impuros lábios; e os meus olhos viram o rei, o Senhor dos Exércitos! Então voou para mim um dos serafins, trazendo na mão uma brasa viva, que tirara do altar com uma tenaz; e com a brasa tocou-me a boca, e disse: Eis que isto tocou os teus lábios; e a tua iniquidade foi tirada, e perdoado o teu pecado. Depois disse eu: Eis-me aqui, envia-me a mim.*" (Is 6:1, 5-8)

O profeta até então não estava qualificado para desempenhar o trabalho do Senhor, isso por causa de sua vida fora dos padrões exigidos por Deus; mas, a partir do momento que ele teve uma visão do céu, tudo mudou, ele reconhece suas misérias e clama ao Senhor que, prontamente, envia seu anjo para purificar o profeta e após sua purificação, o Todo-Poderoso lança um desafio ao que Isaías sem titubear responde positivamente. A mesma pergunta feita ao homem de Deus naquela época, ecoa hoje na igreja: "A quem enviarei?". Porém, não basta somente responder "eis-me aqui", é necessário ter convicção e as qualificações necessárias.

O perfil do missionário no cumprimento de sua missão:

1. Ter convicção de sua chamada para a obra de Deus e especificamente para o trabalho missionário, que exige muita dedicação e renúncia por parte do missionário.
2. Enxergar a obra com os olhos espirituais, ou seja, precisa ter visão de Deus. Assim, estará consciente da realidade que enfrentará e que o inimigo é real e fará de tudo para impedir a obra.
3. Ser cheio do conhecimento da Palavra de Deus, pois é ela quem vai garantir a vitória contra as tentativas do Diabo de cativar as

mentes. Jesus deixou o exemplo de que para vencer Satanás é preciso conhecer e bem a Escritura Sagrada; o inimigo não vacilará até mesmo em utilizar o Texto Sagrado distorcido para seus interesses maléficos (Mt 4.1-11).

4. Ser experimentado na obra do Senhor, ou seja, ser uma pessoa dedicada aos trabalhos da igreja. Se o missionário foi um obreiro relaxado, preguiçoso e sem atitude, dificilmente conseguirá se sobressair no campo missionário.
5. Ter atitude de servo. Ao encarar o trabalho missionário, deverá estar ciente de que não será servido, mas servirá muito mais à comunidade a que for enviado. Não poderá fazer tudo de acordo com sua vontade apenas, deverá comunicar seus superiores e aceitar suas diretrizes (desde que não sejam entraves para o desenvolvimento da obra).
6. Se colocar como pessoa de fibra, dinâmico e audacioso. A obra missionária não admite pessoas sem coragem e entusiasmo. Haverá situações que exigirão muito do obreiro.
7. Deverá ter mente aberta, isso equivale a dizer que precisará ter aptidão para lidar com circunstâncias bem adversas das que ele está acostumado a vivenciar em seu país de origem ou seu ambiente de vida. Não adianta querer impor a outras culturas, costumes locais da igreja, isso não funcionará bem.
8. Ser se manter bem informado, o que não é tão difícil nos dias de hoje por causa da internet, que tem facilitado muito a interação sobre o que está acontecendo no mundo.
9. Não ser ambicioso e vaidoso querendo posição e reconhecimentos dos homens; deverá buscar o reconhecimento do Senhor Jesus e a única ambição deve ser em ganhar vidas para o Senhor. Ao invés de ambição e posição, deverá ter mais ação.
10. Amar incondicionalmente as pessoas e a obra de Deus.

2.2. Atributos necessários ao Missionário

Toda pessoa que é chamada para uma tarefa é escolhida por suas qualidades que facilitarão o desempenho dela. Alguns predicados são inerentes à própria pessoa, outros podem ser aperfeiçoados. Na obra de Deus, existem muitos qualificados para determinadas obras e que, mesmo assim, necessitam de mais aperfeiçoamento para melhor servir ao Senhor. Para a obra missionária, o obreiro deverá ter e desenvolver alguns atributos.

1. Maturidade desenvolvida através de íntima comunhão com o Senhor Jesus e experiência na vida cristã, sabendo enfrentar qualquer situação que se formar. O missionário não pode ser neófito, precisa de experiência na obra e isso começa e se desenvolve na sua igreja local. Querer adquirir experiência inicial da fé cristã no campo seria quase um "suicídio" ministerial e espiritual. Ele precisa, portanto, estar enraizado em Cristo.
2. Doutrinado dentro das Sagradas Escrituras, ou seja, firmado na Palavra genuína de Deus. Viver na sã doutrina, pois sua tarefa é levar os ensinamentos àqueles que não conhecem a Jesus e sua Palavra. Porém, como doutrinará se não passou por essa experiência. Crentes vacilantes, que vivem somente por revelação, sonhos e adivinhações, jamais deveriam ir ao campo de batalha, pois lhes falta o essencial que é estar ancorado na Palavra de Deus.
3. Ser cheio do Espírito Santo é imprescindível para o sucesso na obra missionária. Haverá momentos em que a única solução será confiar inteiramente no milagre e no sobrenatural de Deus. Porém, ele só acontece e acompanha os que buscam ser cheios da virtude do Senhor e essa é dada pelo Espírito.
4. Ser conhecedor e buscar os dons espirituais, pois são através deles que as fortalezas de Satanás caem por terra. Através dos dons é possível identificar qual espírito está agindo em dado momento (discernimento); saber as intenções dos corações (conhecimento); aplicar de maneira correta e no tempo certo a Palavra de Deus aos corações duvidosos (sabedoria); invocar o poder de Deus para manifestação do poder sobrenatural (maravilhas, curas, fé); interpretar o que está sendo falado na reunião de maneira sobrenatural (línguas e interpretação); por fim, ouvir a voz de Deus através de seus servos (profecia).
5. Manter vínculo forte com sua igreja e o trabalho a ele designado por ela. Muitos missionários são enviados para outros lugares e depois de algum tempo abandonam seus ministérios e iniciam um novo trabalho. Assim todo trabalho, projetos e gastos se desvanecem trazendo tristeza e frustração para aqueles que se dedicaram a ajudar a obra.
6. Gostar do cheiro de ovelhas; isso quer dizer que no campo missionário não poderá escolher as pessoas que vai abraçar, ouvir e com quem vai comer; ou seja, se relacionar com todos sem distinção. Deverá ter tempo para esse trabalho e isso só é possível para quem de fato ama as vidas.

2.3. Qualificações Pessoais

Além do que foi especificado anteriormente, que diz respeito a questões espirituais e experiência no trabalho do Senhor, o missionário deverá desenvolver habilidades em áreas mais pessoais que agem diretamente no emocional. São elas:

1. Cuidado com a saúde: deverá ter e cultivar uma boa saúde física e mental. Nada impede que o missionário pratique esportes, faça visitas periódicas ao seu médico, dentista e faça alguns exames. Ir ao campo missionário em condições precárias de saúde, mais atrapalhará do que ajudará; por isso, antes de ir ao campo, ele deve cuidar dessa parte, não esquecendo que esse cuidado se estende à sua família também. Mas alguém diz que Jesus cura e está tudo bem. Cremos que o Senhor tem poder para curar toda espécie de mal, mas há situações que podem ser resolvidas sem a intervenção sobrenatural de Deus, são cuidados que todos nós devemos ter com a saúde. Imagine um missionário com problemas graves no estômago ir para o México, lugar onde a pimenta é servida no café da manhã, no almoço, no jantar e no lanche; ele certamente terá sérios problemas.
2. Equilíbrio e segurança emocional: a nosso ver, essa deve ser uma preocupação primordial tanto do missionário quanto daqueles que o estão enviando. Pois, no campo missionário, haverá situações de stress e outras que vão mexer profundamente com o emocional do obreiro. O fotógrafo Kevin Carter ganhou o prêmio pulitzer por uma foto tirada num país da África. Nela uma criançinha tenta se arrastar até uma base americana onde havia comida e bem pertinho dela estava um abutre esperando-a morrer para se alimentar dela. Embora tenha ganhado o prêmio, três meses depois ele se suicidou por não ter suportado aquela cena. O missionário se deparará com coisas semelhantes e até piores, por isso deverá ter estabilidade emocional para lidar com tais circunstâncias.
3. Desenvolver autocontrole: não poderá tomar decisões precipitadas e nem atitudes impensadas. Deverá exercer autocontrole sobre seus sentimentos e controlar seu temperamento. Um jovem missionário trabalhava em uma tribo indígena e depois de muito trabalho o cacique se converteu, porém o chefe da tribo tinha onze mulheres. O jovem missionário, com toda convicção e espiritualidade peculiares, disse ao morubixaba (líder indígena) que não deveria ter tantas mulheres, mas apenas uma. O líder concordou e no outro dia o

problema estava resolvido: ele matou dez e ficou apenas com uma. O missionário, depois desse incidente, teve que retornar para a base para tratamento psicológico.

4. Manter conduta ilibada: nunca deverá esquecer que, embora esteja em outra cultura com costumes bem diferentes, não poderá se aproveitar da situação para ter atitudes imorais ou contrárias à sua cultura. Em alguns casos, seria bom que o missionário, ou missionária, fosse casado, mas se não, o melhor é se cuidar na área sexual. Já houve casos de missionários se apaixonarem pelas nativas de determinada tribo e isso trouxe sérios transtornos para a base missionária e para a igreja que o enviou. Outros mantiveram relações sexuais e delas vieram filhos, o que impossibilitava o envio desse missionário para outras regiões.

5. Saber lidar com o tempo: o missionário, para ser bem-sucedido no trabalho, precisa ter compreensão e paciência. Compreender que a obra missionária exige tempo para se desenvolver; as metas e objetivos traçados não são alcançados em pouco tempo. Um pastor, que é missionário na Albânia, disse certa vez que demorou cinco anos para conseguir dezenove crentes para a igreja. A verdade é que os resultados não serão numericamente estratosféricos, mas serão extraordinários em uma terra seca. O missionário deverá esperar passar os primeiros cinco anos para então avaliar a produtividade do labor missionário. Ficar um ou dois anos no campo sem progresso quantitativo não significa necessariamente fracasso no trabalho.

6. Ser habilidoso na arte da comunicação: quem não sabe se comunicar perde grandes oportunidades, ao passo que aquele que se comunica bem consegue alcançar seus objetivos. O missionário precisa se comunicar bem na sociedade em que estiver trabalhando, ser solidário, simpático, pronto para ajudar e conquistar a confiança da comunidade. Para tanto, deverá se inteirar dos costumes locais e conhecer um pouco da sua cultura.

7. Ser um homem de fé: diz-se que um homem erudito enxerga o horizonte, visualiza as montanhas mais distantes; porém o visionário vai muito além, ele enxerga além do horizonte, atrás da montanha. Para o mundo, este último seria uma pessoa bem otimista, empreendedora, corajosa e superinteligente; mas, no meio cristão, esse indivíduo age simplesmente por fé, ou seja, todas as suas ações e empreendimentos são realizados pela confiança que ele tem em

Jesus Cristo, o Filho de Deus. Na obra missionária, é importante traçar metas, ter estratégias, ter toda organização possível e até recursos financeiros; todavia não são suficientes para o progresso da obra. Isso porque no campo de Missões haverá outras barreiras, as espirituais, e essas só serão derrubadas por força espiritual, pela confiança plena no Senhor quando estiver diante do impossível ou de uma situação sem recursos. Somente o poder da fé poderá, nesses casos, fazer com que o trabalho do Senhor continue avançando. O "Pai das Missões Modernas", Wiliam Carey, conseguiu fazer um grande trabalho para Jesus porque desafiou as dificuldades de sua época e recusou-se a ficar calado diante das vozes contrárias que afirmavam que a conversão dos pagãos era problema da época dos apóstolos e não deles. Com essa fé e determinação, ele foi enviado à Índia, sendo chamado por seu próprio pai de louco. Na verdade, sabemos que não é loucura, mas amor, ousadia e acima de tudo fé para realizar o improvável.

Por essas colocações, compreendemos que fazer a obra missionária não é tarefa fácil e exige muitos cuidados. Não basta somente dizer que está sentindo o chamado, ou que Deus revelou a vocação para ir ao campo de missões; é necessário desenvolver a convicção e a partir dela buscar conhecimento, aprimoramento e estar a par da realidade de missões. O que tem levado muitos missionários a retornarem do campo é justamente essa falta de conhecimento dos fatos verdadeiros sobre a obra. Missionário que vai para o campo sem trabalhar suas qualidades e qualificações corre o risco de sofrer desnecessariamente e desgastar-se ao extremo, por isso é importante que se prepare bem para que dê muito mais fruto a médio e longo prazo.

Questão para Reflexão

A maioria dos crentes que se sentem chamados para realizar a obra de Deus afirma que precisa somente do poder do Espírito e mais nada. Não há necessidade de aprimoramento, estudo teológico, qualificações e nem qualidades, pois o Espírito Santo é suficiente para revelar tudo o que deverá ser feito. Quando os problemas surgirem, serão resolvidos no "joelho", por isso preparo é balela. Você concorda com isso? Faça um pequeno debate com seus colegas.

CAPÍTULO 3

O Preparo do Missionário

Ao observarmos o chamado dos servos de Deus para a sua obra na Bíblia sagrada, perceberemos que todos eles, embora tivessem o chamado divino, tiveram que passar por longos períodos de preparo na sua vida, seja ele espiritual ou material. Depois que eles recebiam o chamado de Deus, principiavam os momentos de aprendizado. Alguns deles foram para o deserto, outros deixaram família, outros abandonaram uma vida de conforto e ainda outros largaram tudo. Esse preparo para o serviço do Senhor é imprescindível para que haja sucesso na empreitada, pois, sem experiência, dificilmente conseguimos desenvolver bem qualquer tarefa, e com a obra de Deus não é diferente, exige-se preparo em todos os sentidos. A começar, o Senhor não chama desocupados para o trabalho, mas sim pessoas dispostas, responsáveis e que fazem o melhor, em grandes ou pequenos projetos. Ciente da necessidade do preparo missionário, trataremos, neste capítulo, das peculiaridades inerentes ao trabalho missionário para que seja realizado com dinamismo e produza resultados satisfatórios. Dividiremos essas peculiaridades em duas partes: espiritual e material.

3.1. O Preparo Missionário no Âmbito Espiritual

Alguns crentes mais "espirituais" pensam que para a obra de Deus não há necessidade alguma de preparo, de estatísticas, de projetos, organizações e cuidados dessa natureza. Porém, o que a realidade nos apresenta são muitos missionários frustrados e decepcionados com a Igreja, consigo mesmos e até mesmo com Deus. Jogaram-se na obra missionária dizendo que era pela fé, portanto, sem nenhum preparo ou ajuda. Ao se depararem com a realidade do campo missionário, perceberam tardiamente que o trabalho era muito mais complexo do que imaginaram; não bastava somente ser cheio do Espírito Santo, ser crente de oração e fé. Reconheceram que é necessário todo um preparo para saber lidar com situações inusitadas proporcionadas pelo terreno missionário. Destacaremos, a seguir, alguns cuidados que o missionário precisa ter nessas situações.

3.1.1. Conduta Espiritual

O vocacionado para o serviço missionário deve ter fé e convicção do chamado, desenvolver a maturidade espiritual. Para tanto, terá que reconhecer sua chamada pessoal e definida. Não é possível entrar nesse trabalho sem certeza e sem saber de fato o que Jesus quer de quem foi chamado. Se o Senhor chama, Ele sabe perfeitamente qual é a aptidão do servo; cabe, portanto, ao que pretende assumir a responsabilidade de pregar a mensagem e desenvolver o trabalho, tê-la bem definida para o que o Senhor o chamou. Deverá cultivar em sua vida espiritual as seguintes características:

a) Vida com Deus: a Escritura Sagrada diz em Genesis (5:22 e 24): "Andou Enoque com Deus, depois que gerou a Matusalém, trezentos anos; e gerou filhos e filhas... Andou Enoque com Deus; e não apareceu mais, porquanto Deus o tomou." Certamente o Senhor transladou Enoque para o céu por ter ele mantido uma vida de comunhão com Deus, e no longo período de vida nesta terra obviamente deu testemunho do Senhor e a sua geração teve uma testemunha viva do poder e dos feitos do Todo-Poderoso. O que significa andar com Deus? Cremos que o significado é uma vida norteada pela Sua Palavra, consolidada sobre a santificação, firmada pela fé, sustentada pelo amor ao próximo e cheia da vida de Deus por intermédio do Espírito Santo. Por isso, o missionário de sucesso é aquele que mantém um padrão espiritual baseado na busca pelo Senhor Jesus em oração, consagração, jejuns, leitura e meditação na Palavra.

b) Maturidade: Moisés, antes de cumprir seu chamado para libertar o povo de Israel do jugo pesado do Egito, teve que passar por dois momentos na vida para adquirir condições necessárias para desempenhar a tarefa; palácio e deserto foram períodos importantes para a consolidação de seu chamado. Na verdade, quando ele estava no meio dos grandes e ele mesmo era considerado grande, pensara que estava apto para libertar o povo e até tentou, porém sua investida foi frustrada; depois quando fugiu para o deserto e lá passou a cuidar de ovelhas, pensou que não tinha mais capacidade para libertar seu povo, foi aí então que para o Senhor Deus ele estava preparado. As experiências na vida de Moisés serviram para dar a ele preparo necessário para enfrentar Faraó e o deserto pelo qual a nação teria que passar para chegar à terra prometida. Ao receber o chamado para Missões, o servo de Deus deve se lançar integralmente nas mãos do Senhor Jesus e aproveitar todas as oportunidades que surgirem na obra do Senhor, pois estará crescendo, ou seja, maturando para desempenhar com desenvoltura o que a ele for confiado pelo Espírito de Deus. Essa maturidade adquirida é que fará com que ele tenha convicções espirituais inabaláveis que o fortalecerão no campo, pois, uma vez estando lá, terá que confiar em Deus e na sua Palavra e haverá momentos que somente uma vida experimentada nos trabalhos do Senhor poderá proporcionar avanço no campo de batalha espiritual.

c) Cheio do Espírito Santo: ser cheio significa ter uma vida pautada pelo amor e serviço ao próximo sem esperar nada em troca. É o Espírito Santo que leva o missionário a se dedicar totalmente no resgate de vidas para Jesus, não se importando nem mesmo com a preservação de sua própria vida. No campo missionário, a força motriz que impulsiona impedindo que haja desistência é a virtude do Espírito no coração do crente. Ele tem que ser cheio para aceitar as dificuldades, para ser perseguido pelo inimigo, para amar pessoas que o odiarão. Conta-se que uma missionária foi molestada sexualmente por um nativo do país que estava evangelizando, mesmo assim ela não se retirou, embora fosse essa a ordem dada pela Missão que a tinha enviado. Permaneceu ali, ganhou muitas vidas para Jesus e, entre essas, a do próprio homem que a estuprara. Amor assim e dedicação à obra do Senhor somente é possível para quem tem o Espírito de Deus.

d) Ousadia e Poder de Deus: há um engodo enorme que se estabeleceu no meio da igreja: uma grande maioria de crentes "espirituais" pensa que poder de Deus e ousadia significam gritar, pular, "sapatear", falar em línguas estranhas para todos ouvirem e ter todo tipo de revelação. Porém, tudo isso eles fazem entre as quatro paredes do templo de sua denominação, quando saem desse casulo se transformam radicalmente e nem sequer falam de Jesus para os colegas de trabalho, para os vizinhos, na escola e nos lugares que frequentam, aliás, têm até vergonha de dizer que são crentes ou nem podem afirmar isso por causa do seu mau testemunho. Na igreja é muito poder, mas fora dela a ousadia desaparece, não evangelizam, não fazem a obra de Deus e nem se importam com a situação do próximo. Ousadia e poder verdadeiros são evidenciados por um sentimento profundo de fazer a obra de Deus, principalmente evangelizar. Na labuta missionária, não adianta só gritar e pular num pé só; é necessário evidenciar o poder de Deus através do serviço prestado em prol do outro, suportando afrontas, humilhações e dor.

3.1.2. Conhecimento Profundo da Palavra de Deus

Missões lidam especificamente com a pregação do Evangelho na sua integralidade, que abarca tanto o conhecimento da Palavra quanto a sua aplicabilidade. Aquele que tem o desejo de anunciar as boas-novas deve se dedicar a aprender sobre elas, interpretá-las e entregar a mensagem de maneira clara e objetiva. Existem muitos que se aventuram a pregar o Evangelho apenas por "revelação", não estudam a Bíblia e nem procuram frequentar reuniões de ensino da Palavra, pois para eles só a unção basta para fazer missões. Mas como ensinar sem primeiro aprender? Chegando ao campo missionário, o obreiro vai discipular de que maneira? Como pretende ensinar se nunca foi ensinado? Por todos esses questionamentos, a preparação na área do ensino é imprescindível, e para tanto o missionário deverá frequentar cursos teológicos voltados para Missões, pois, de outra forma, não conseguirá realizar a obra com dinamismo. Já é notório e comprovado hoje que a melhor maneira de evangelizar outro país é utilizar os próprios habitantes dele para alcançar seus compatriotas, pois assim a aceitação é melhor. Porém, para saírem pelo seu país a evangelizar, precisam de preparo espiritual e teológico, pois ensinarão a outros o Evangelho. Essa preparação tem se tornado realidade através de seminários bíblicos implantados nesses lugares que proporcionam aos autóctones conhecerem sistematicamente a Palavra de Deus e estarem em plenas condições de transmiti-la. Muitas igrejas estão agindo dessa forma, enviam missionários preparados teologicamente para erguer seminários e preparar os irmãos novos convertidos. Portanto, o preparo teológico é relevante para o sucesso do trabalho missionário. Podemos dizer que é também um preparo espiritual, pois é a Palavra de Deus anunciada que vai mudar corações e transformar vidas. Esse preparo propiciará ao missionário instruir os novos convertidos, convencer o pagão acerca de Deus e Seu plano de salvação em Cristo Jesus; também ajudará na preparação e literatura evangélica no idioma do povo, que contém princípios e preceitos teológicos ortodoxos.

3.1.3. Disposição Psicológica

Um grande número de crentes que se dizem "espirituais" ao extremo não aceitam que exista a necessidade de preparação psicológica para a obra de Deus; vêem como algo alheio à realidade cristã, pois pensam que isso tira a espiritualidade verdadeira e anula a ação do Espírito Santo. Porém, esse pensamento não reflete a verdade; é necessário analisar que o homem é um ser que pensa e age de acordo com as circunstâncias à sua volta, portanto, dependendo do que ele enfrenta no seu cotidiano, sofrerá influência na sua psique e consequentemente no seu estado emocional. Mesmo os servos de Deus passam por momentos difíceis, por frustrações, tristezas e sofrimento. Em relação à obra missionária não é diferente; o missionário passará por situações de stress, de angústia, de frustrações e de desespero. Haverá momentos no campo missionário em que ele deverá ter muita calma nas decisões tomadas, muita cautela nos conselhos para não correr o risco de ser mal interpretado e desencadear uma situação de fatalidade que ocasionará até no seu afastamento do trabalho.

Na obra missionária, o servo de Deus perceberá que a realidade dessa é bem diferente da realidade da igreja local do seu país natal. Numa cultura diferente, ele terá que "aceitar" atitudes de seres humanos que para ele seriam inaceitáveis. Imaginemos um missionário sem preparo psicológico diante de uma tribo indígena que enterra crianças vivas porque nasceram com alguma deficiência física. Ele não poderá fazer nada, quando muito só poderá assistir. Pensemos na vida de missionários que atuam em lugares hostis aos cristãos, que toda noite não têm a certeza se irão acordar vivos. Por isso, ele deve cultivar uma boa saúde mental, cuidando dela perfeitamente para que não seja impedido de continuar fazendo a vontade do Senhor. Para evitar situações inesperadas e prejudiciais ao seu trabalho, listaremos, a seguir, alguns cuidados que o trabalhador da seara do Mestre deve tomar.

a) Reconhecer sua total dependência do Senhor Jesus para cumprir a tarefa missionária.

b) Manter uma vida de oração e consagração.

c) Inteirar-se bastante sobre o país ou local em que irá trabalhar; ler livros sobre a cultura do local, costumes, política, economia, enfim tudo que for possível para que não seja surpreendido por algo novo que não estava preparado psicologicamente para enfrentar.

d) Antes de ir ao campo passar por avaliação psicológica com um profissional da área.

e) Deverá ter uma boa convivência familiar, pois o amor recebido pelos entes queridos gerará amor próprio que resulta em amor pelo outro. Ir para o campo missionário pelo motivo de se livrar do meio em que vive não é um bom sinal. Estar disposto a ir ao campo para se doar a pessoas que nunca viu, mas ser incapaz de perdoar os que estão bem próximos é perda de tempo.

f) Pessoas que têm dificuldade de relacionamento familiar por traumas sofridos na infância, e que não conseguem se relacionar bem com os outros por causa disso, não estão qualificadas psicologicamente para dar afeto, carinho e atenção a indivíduos que não conhecem. Isso não quer dizer que não poderão ir ao campo, mas enfatizamos a necessidade de cuidar dessa parte, de outra forma retornarão muito rápido do trabalho missionário.

g) Desenvolver a autoestima, pois se o missionário se sente um fracassado na sua vida, um derrotado nas suas ambições pessoais, terá grandes dificuldades de lidar com missões, pois nem sempre os resultados esperados aparecem rapidamente e às vezes nem acontecem.

Essa é uma área do preparo do missionário que deve ser tratada com muita responsabilidade, pois tem sido o motivo do fracasso de muitos. Grande número de missionários têm retornado do campo frustrados, desanimados, desmotivados e decepcionados. Não conseguiram lidar com as situações adversas, aliás, nem foram preparados para enfrentá-las. Estar em uma localidade desconhecida, longe de tudo e de todos, no meio de pessoas culturalmente diferentes, aumenta o stress e até mesmo leva a um estado de melancolia profunda, que chega a um passo da depressão. O isolamento e a solidão são terríveis; qualquer situação é motivo para angústia e desespero. O preparo psicológico, aliado a uma vida de oração e aconselhamento, ajudará o missionário a viver e a enfrentar o que o aguarda na obra missionária.

3.2. O Preparo Missionário no Âmbito Material

No tópico anterior, aprendemos sobre a importância do preparo espiritual e psicológico do missionário para que ele tenha sucesso no trabalho do Senhor. Neste, avaliaremos a relevância dos cuidados materiais essenciais para o bom desenvolvimento de Missões, analisaremos o cuidado educacional, o preparo cultural, a condição física e a organização financeira.

3.2.1. O Cuidado Educacional

A primeira atitude do missionário deve ser pesquisar sobre o local que pretende trabalhar para saber das necessidades do povo que ali habita. De posse dos dados, deverá se preparar adequadamente para atender às suas necessidades. Poderá, antes de ir ao campo, fazer alguns cursos como, por exemplo, de inglês, de pedagogia, cursos profissionalizantes, artesanais etc. É importante aprender uma profissão nova e que seja útil para a localidade, pois há situações em que ele só será aceito se estiver engajado em alguma atividade que beneficie a população local.

3.2.2. O Preparo Cultural

Missão se faz com fé, poder de Deus, amor e preparo. Para ter êxito nesse trabalho, o obreiro deverá ter a preocupação com a aculturação, ou seja, se inteirar dos costumes do povo com o qual irá trabalhar. Isso pode ser feito através do estudo da Antropologia, da Sociologia de Missões, do estudo do idioma, da religião predominante e dos aspectos da vida das pessoas daquele lugar. Conhecer a culinária também é muito importante, pois muitos missionários tiveram dificuldades para se adaptar à alimentação local. Houve casos de missionários trabalhando na Índia e no México que retornaram para cuidados médicos, pois desenvolveram úlceras e gastrites. É que nesses lugares o uso da pimenta é muito intenso, alguns dizem que lá fazem uso de condimento bem picante no café da manhã, no almoço, no jantar e nos lanches.

Conhecer previamente a cultura é importante para que não haja surpresas e constrangimentos. Citaremos, a título de exemplo, alguns povos e seus costumes incomuns para os brasileiros. Na cultura dos esquimós, é comum o homem dar a sua esposa para esquentar a cama do convidado, isso não quer dizer que eles vão manter relações sexuais, o objetivo é proporcionar conforto para os amigos. Na Rússia, os homens se beijam na boca. Em países africanos, é comum os homens andarem pelas ruas de mãos dadas e as mulheres não usarem roupa para cobrir os seios, pois, para eles, essa parte do corpo feminino não é vista com sensualidade, serve apenas para amamentar.

Sendo assim, o missionário deve estar ciente de que deverá, em alguns casos, abandonar (não por completo) sua cultura e se adaptar a um novo estilo de vida numa outra comunidade. Serão momentos difíceis, de rupturas, quebra de preconceitos e valores culturais, desde que tais rupturas não firam a Palavra de Deus.

3.2.3. A Preparação física

Ao receber o chamado de Deus para a obra missionária e a certeza do local em que irá trabalhar, o missionário passará a cuidar de preparativos que dizem respeito à condição física, tais como:

a) Prevenir-se antes de ir para o campo missionário através de vacinas para imunização contra doenças;

b) Passar por exames de saúde;

c) Praticar exercícios físicos, pois o missionário, dependendo do campo de atuação, será muito exigido no preparo físico para longas caminhadas e certas privações;

d) Deve procurar conhecer as condições de vida, higiene, dieta e clima do local em que atuará como missionário.

3.2.4. A Organização Financeira

Para realizar a obra missionária, além do chamado, da disposição do obreiro, de toda preparação, é preciso de algo sem o qual não será possível dar continuidade ao trabalho. Estamos nos referindo às finanças. Deus não precisa de dinheiro, porém sua obra depende, em grande parte, dele. Em muitos países, é exigida uma garantia financeira mensal pela missão ou pela igreja. Pontos a considerar sobre as finanças:

a) É importante conhecer o custo de vida do país onde se pretende trabalhar para que haja um bom planejamento e condições favoráveis a fim de que o missionário não somente seja sustentado dignamente, mas tenha condições de desenvolver trabalhos sociais na localidade.

b) A igreja que se propõe a enviar seu obreiro para o campo missionário deve garantir condições dignas para a família dele.

c) A ajuda financeira deve incluir saúde, educação, alimentação, vestuário, equipamentos etc.

d) A igreja ou agência deve ter um plano de aperfeiçoamento para o missionário, que depois de algum tempo deverá voltar ao seu local de origem para planejamento quanto a continuidade da obra, descanso, preparação física, emocional e teológica.

e) Não se deve confundir provação de Deus no campo missionário com falta de amor pelo obreiro que se dispõe a ir para frente de batalha. Há líderes que têm como filosofia missionária achar que o servo de Deus deve passar necessidades, pois a obra de Deus não é fácil, portanto missionário que consegue recursos suficientes para desempenhar a tarefa de evangelização não é visto com bons olhos e alguns chegam ao cúmulo do absurdo de mandar cortar parte de sua ajuda financeira porque o missionário e sua família estão robustos e se vestindo bem.

f) O missionário deve ter um fundo financeiro para quando retornar do campo missionário ter alguma garantia de tranquilidade.

g) A ajuda financeira não deve ser unicamente para sustento pessoal do missionário e de sua família; deve haver também provisão para trabalhos sociais e de ajuda humanitária, se estiver em locais extremamente carentes.

Chegamos à conclusão de que a obra missionária exige muito mais do que se imaginava e que para se ter sucesso no campo missionário é preciso trabalhar um conjunto de fatores que não podem ser vistos isoladamente.

Questão para Reflexão

Em sua opinião, o missionário brasileiro está bem preparado ou procurando se preparar para a obra missionária? Explique e comente com os colegas sua resposta.

O que pode ser feito para melhorar a situação dos missionários enviados ao campo?

CAPÍTULO 4

Os Deveres e o Trabalho do Missionário

Nos capítulos anteriores desta unidade, tratamos de assuntos que dizem respeito aos cuidados do missionário, seu chamado e preparo. Neste capítulo, nossa atenção se voltará para a prática do exercício missionário, pois muito se fala da maneira como ele deve ser tratado, seus direitos e sua manutenção no campo missionário. É importante frisar seu trabalho e sua comunhão com a igreja ou agência mantenedora, pois muitos missionários que não se mantiveram no campo, não foi por falta de recursos ou acompanhamento, mas por falta de seriedade com o trabalho missionário. No intuito de dirimir sobre essas questões, visando o total sucesso no trabalho do Senhor Jesus, trataremos, num primeiro momento, das responsabilidades do missionário e depois analisaremos o desenvolvimento de suas atividades.

4.1. As Responsabilidades Inerentes ao Missionário

Todo aquele que se dispõe a realizar a obra de Deus, seja local ou além fronteiras, enfrentará dificuldades no cumprimento de seu chamado. As igrejas e as respectivas lideranças, de uma maneira geral, são cobradas sobre o envio e manutenção desses obreiros, o que é de fato válido, pois não terão condições de trabalhar se não forem devidamente enviados e sustentados no campo de trabalho.

"E como pregarão se não forem enviados? Como está escrito: Quão formosos os pés dos que anunciam coisas boas!" (Rm 10.15)

Isso significa que o missionário tem direitos, deve ser tratado com respeito e dignidade. Ele deverá ter preparo para o trabalho e condições para desenvolver suas atividades e, logicamente, quem vai proporcionar tudo isso é a igreja ou agência mantenedora. Porém, não podemos esquecer que todo direito implica deveres, por isso queremos enfatizar que o obreiro que labuta no campo missionário tem responsabilidades e que um grande percentual de trabalhos fracassados se deve à falta desse quesito tão importante para o desempenho de seu trabalho. Não basta somente ter tudo à mão, ser cuidado, ter provisões suficientes, apoio financeiro e espiritual; é necessário, por parte do missionário, que cumpra suas obrigações para com a liderança e a igreja. Ele precisa traçar planos na obra de Missões, manter vínculos, elaborar estratégias, aperfeiçoar, ter boa administração, enfim, ter boa interatividade. A seguir, veremos como isso deve ser feito e quais são as responsabilidades daquele que possui o chamado missionário.

4.1.1. Exercer Boa Administração

Já houve casos de irmão que foi para o campo com todas as condições favoráveis ao seu ministério, porém o trabalho não fluiu bem. Posteriormente, foi detectado que a causa do insucesso foi má administração dos recursos repassados a ele, bem como falta de controle organizacional para lidar com a família e com a vida pessoal. Sendo assim, o missionário deverá ter alguns cuidados na sua gestão, que serão expostos a seguir.

a) **Administração dos recursos:** isso quer dizer que deverá aplicar com sabedoria e ética os proventos a ele destinados. Deverá ter o cuidado de não fazer negócios escusos ou que venham trazer dificuldades e transtornos futuros para a obra. Exercer a fé não quer dizer fazer acordos às escuras ou com base em promessas financeiras. O missionário não pode fazer uma compra, por exemplo, de um terreno ou outro imóvel sem ter condições para honrar o compromisso, acreditando que conseguirá o recurso no tempo certo com a sua igreja e ou mantenedores. Não que Deus não possa operar esse milagre, mas já aconteceu de negócio feito dessa maneira dar errado e o trabalho inteiro sofrer com isso. Ele deve ter fé, porém deve agir com consciência e bom senso. Contatar os mantenedores, ouvir o parecer deles e se derem "sinal verde", então fazer o que tem que ser feito. Não adianta depois dizer que está na prova porque Satanás se levantou contra o trabalho, nesse caso a imprudência foi a causadora do problema. Quando receber um recurso já pré-definido sobre a área que deverá ser usada, não poderá utilizá-lo para fazer outra coisa, ainda que seja de extrema necessidade; essa atitude pode gerar desconfiança por parte de quem está ajudando. O que pode ser feito é comunicar a necessidade e, se houver consenso, poderá ser destinado a suprir essa outra necessidade. Se a ajuda veio para aquisição de material de construção, não deve ser utilizada para compra de um veículo, ainda que seja importante para o desempenho das tarefas missionárias, pois quando o mantenedor vier para ver como foi utilizado seu recurso, o que se dirá a ele? Não será muito bom ele se decepcionar ou se sentir enganado.

Outro fator importante é não gastar toda ajuda desordenadamente ou sem planejamento para que não acabe rápido e nem se dissipe sem que tenha sido alcançado o fim esperado. Ao utilizar os recursos com inteligência e bom senso, gerando resultados satisfatórios, o missionário será levado em alta consideração e terá grau elevado de confiança da igreja que o ajuda e com certeza outros auxílios virão para complementar o que está sendo realizado.

b) Gerência Familiar: como todo obreiro, o trabalhador em Missões deverá priorizar sua vida pessoal e sua família. Há um equívoco por parte de muitos ao pensarem que a família deve ser colocada em terceiro plano. Dizem que primeiro vem Deus, depois a obra e aí sim a família. Concordamos que em primeiro lugar sempre estará Deus, mas a família deve ter primazia depois dEle. Na verdade, qualquer obreiro que se preze sabe perfeitamente que sem uma base familiar sólida jamais conseguirá realizar com sucesso a obra de Deus e, principalmente a obra missionária que exige muito empenho e aceitação da família. O missionário deverá, portanto, cuidar muito bem de seus entes próximos, mulher e filhos. Eles não deverão ser "forçados" a ir ao campo ou intimidados para seguirem o líder da família; deverão ser conquistados com oração, respeito, conscientização do valor de Missões e acima de tudo com amor. Alguns cuidados que devem ser levados em consideração pelo missionário em relação a sua família para que o trabalho seja desempenhado e tenha bons resultados:

1. O missionário não pode ir a campo e deixar a família para trás, a não ser por um curto período de tempo, apenas para cuidar dos preparativos para que sua família desembarque bem em terra estranha.
2. Deverá se preocupar com a educação de seus filhos, providenciando meios para que não percam anos de sua vida escolar.
3. Não se dedicar cem por cento ao trabalho em detrimento de sua família. Por estarem em local estranho e muitas vezes em culturas completamente diferentes, os filhos precisarão do apoio total dos pais para se adaptarem. Portanto, o obreiro deverá administrar muito bem suas atividades missionárias e dar atenção a sua família.
4. Deverá cuidar da saúde de sua esposa e filhos, e dependendo da situação retornar à base para tratamento médico.
5. É importante se preocupar com a integridade física dos seus. Certo missionário que atuava na Índia disse em um congresso de Missões que ele e sua família estavam correndo riscos de serem assassinados ou molestados fisicamente. Sua mulher, inclusive, disse ter ficado trancada em casa por três meses sem ao menos poder ir à padaria comprar algo para comer. Sabiamente, ele pegou sua família e retornou para o Brasil e só voltaria para a localidade quando tivesse um mínimo de segurança para sua família.
6. Precisa dar atenção e carinho para sua família, para assim não cair no erro de alguns: ganhar muitos para Cristo e perder a sua própria família.

c) Organização da Vida Pessoal: cabe ressaltar que o Senhor Jesus precisa de homens para a sua obra com saúde física e mental. Por esse motivo, o servo de Cristo tem que priorizar o cuidado com sua saúde. Para estar bem disposto e render no trabalho, ele precisa se organizar para não ficar sobrecarregado e se matar no campo missionário, rompendo precocemente um trabalho que poderia render frutos por muitos anos. O obreiro deve se lembrar de que não dá pra fazer tudo e ao mesmo tempo. Deverá se organizar e preparar pessoas para ajudar, delegar responsabilidades, dividir as tarefas, descansar e tirar momentos de reflexão e lazer. Além de levar uma vida de oração e consagração, necessita cuidar de questões pessoais, como finanças, alimentação saudável, praticar exercícios físicos, cuidar do seu futuro e de sua família, ter tempo para estudar um pouco mais, fazer outros cursos, enfim, se aprimorar mesmo estando no campo de trabalho.

4.1.2. Manter Vínculo com a Igreja Mantenedora

Alguns missionários são enviados à frente de batalha e simplesmente desaparecem, não dão notícias e não prestam nenhum tipo de relatório. Contudo, para que o trabalho se desenvolva, os que atuam em missões deverão manter sólido contato com sua igreja de origem e sua respectiva liderança. Portanto, aquele que se dispõe ao trabalho missionário, seja onde for, deve-se prestar ao cumprimento de algumas exigências, tais como:

a) **Prestar Relatórios de Atividades:** a igreja e mantenedores precisam estar cientes de todas as atividades e situações que envolvem o trabalho. O missionário não deve prestar relatório depois de anos de trabalho; inicialmente deve enviar informações a cada dois meses, principalmente se estiver passando por dificuldades. Esses relatórios servirão não somente para que mais recursos sejam levantados, mas também para que a igreja ore especificamente pelo trabalho.

b) **Ser Submisso ao Ministério:** o missionário, embora esteja atuando em algum lugar distante de sua igreja, não deixa de pertencer ao Ministério local e deverá se submeter às suas diretrizes quanto ao trabalho. Se o Ministério achar por bem transferi-lo para outro local de trabalho, bem fará se atender à solicitação. Em hipótese alguma o obreiro assumirá a direção total da obra sem dar satisfações ou aceitar diretrizes da liderança da igreja a qual ele pertence. Já ocorreram casos de missionários irem para o campo, começarem um trabalho e depois se desvincularem da igreja de origem e abrirem trabalho próprio na localidade. Isso é um erro grave que não deve ser cometido por nenhum obreiro.

c) **Trabalhar em conjunto com a Igreja Local:** antes de tomar qualquer decisão mais séria ou realizar qualquer tarefa de grande magnitude, o melhor a fazer é se comunicar com a liderança da sua igreja. Mesmo em questões espirituais ou que interfiram na cultura local, elas deverão ser comunicadas. Um missionário se apaixonou por uma jovem da tribo em que trabalhava e sem comunicar a igreja casou-se com ela. Tal atitude trouxe sérios problemas para o Ministério, ele teve que ser afastado e anos de trabalho foram perdidos. Ele percebeu tardiamente que não era amor que sentia, mas sim carência afetiva.

d) **Comunicações Importantes:** problemas de saúde dele ou de algum membro de sua família, ameaças sofridas pelos habitantes da localidade, escassez de provisões básicas para sua sobrevivência, problemas com as autoridades locais, e outros dessa natureza, deverão ser notificados imediatamente.

Para manter esse vínculo com a igreja, o missionário tem à sua disposição alguns meios bastante eficazes. Poderá enviar correspondências mensais via correio, utilizar da tecnologia mandando e-mails via internet (se houver disponibilidade) ou até mesmo telefones celulares. O importante é ele manter contato frequentemente para que os mantenedores estejam a par de sua real situação e quais suas necessidades imediatas e a longo prazo.

4.1.3. Buscar Aperfeiçoamento

Também é de responsabilidade do missionário buscar meios para aprimorar seus conhecimentos. Se estiver trabalhando no meio de um povo diferente, que possui outra língua, deverá estudar o idioma para que tenha condições de pregar na própria língua local. Além disso, é bom desenvolver alguma atividade que beneficie a população, assim conquistará amizade e respeito entre eles. Deve se dedicar ao aprendizado da cultura local para não causar constrangimentos e situações impróprias perante o povo. O ideal é antes de ir para o campo fazer cursos que o auxiliarão no trabalho, como, por exemplo, cursos de enfermagem básica, cursos artesanais, noções básicas de saneamento e higiene, cultivo da terra etc. Se ele se deparar com uma situação nova para a qual não está preparado, deve comunicar ao Ministério e numa oportunidade retornar à base e se preparar em tal área para que, ao retornar, seja útil à comunidade em que está atuando.

4.1.4. Cuidar da Sua Vida Espiritual

A princípio, parece não ser necessário abordar essa questão, porém a relevância está no fato de que muitos obreiros vão ao campo e pensam que estão numa colônia de férias e se esquecem do cuidado com a vida espiritual. O missionário enfrentará forças malignas que atuam na esfera espiritual e que só podem ser combatidas com oração, consagração e jejum. É responsabilidade dele orar pelo trabalho, pelo campo de atuação, pela igreja local, pelos mantenedores e manter uma vida cristã irrepreensível diante dos incrédulos para que todos vejam um homem ou uma mulher que verdadeiramente serve a Deus.

4.2. As Atividades do Missionário no Campo

O missionário é uma pessoa chamada por Deus para um trabalho específico, por isso mesmo deve trabalhar com dedicação e sabedoria, procurando traçar planos e elaborar projetos que tragam resultados. Para que a sua lida tenha sucesso, ele precisa desenvolver métodos e, acima de tudo, ter fé, coragem, ânimo e persistência no campo missionário, ou seja, ele tem que trabalhar bastante. As suas atividades precisam estar desprovidas de preconceitos e paradigmas para que o trabalho venha fruir e produzir frutos.

4.2.1. Desenvolver Projetos Missionários e Sociais

Uma vez no campo missionário, o obreiro bem preparado desenvolverá projetos junto à comunidade visando alcançá-la para Cristo e também ajudá-la nas suas dificuldades do dia a dia. A estratégia é um programa ou roteiro de execução, um plano designado visando alcançar um determinado alvo; o método é a maneira que se conduz ou coloca em ação o funcionamento de uma estratégia. Por exemplo: alcançar um povo analfabeto é um objetivo que, para ser alcançado, precisa de estratégia; a maneira de se apresentar e entrar em ação é o método. A seguir, apresentaremos como podem ser desenvolvidas essas atividades.

1. **Interatividade com outros missionários:** o primeiro passo deve ser o entrosamento com missionários de outras denominações cristãs, independentemente de o segmento ser pentecostal ou tradicional. Sabemos de casos de missionários evangélicos que trabalham no campo em parceria com missionários católicos. Conscientizamos que isso tem a ver com o desempenho do trabalho e não com convicções religiosas; essas não precisam se misturar. Certo missionário precisava urgentemente de um carro para resolver uma situação e quem o ajudou foi um padre católico. Outro da Assembléia de Deus precisava utilizar e-mail com certa urgência e a única pessoa que possuía computador com internet era uma missionária batista que prontamente o ajudou. No campo de Missões, alguns paradigmas caem por terra.
2. **Infiltrar-se na Comunidade:** participar ativamente do meio em que está, pois o missionário não poderá ficar alheio ao que acontece com o povo cuidando apenas de seus afazeres. Não é bom ficar isolado da comunidade e se portar como alguém diferente e superi-

or. Misturar-se com o povo, falar com eles, ser gentil e prestativo são estratégias que funcionam muito bem.

3. **Implantação de Trabalhos:** uma ótima estratégia, respeitando-se o contexto cultural e religioso da localidade, é estabelecer pontos de trabalho evangelístico. Esses pontos seriam locais designados previamente para pregar o Evangelho e atender as pessoas tanto espiritualmente quanto materialmente. Futuramente um ponto evangelístico pode se tornar uma congregação.

4. **Preparar Obreiros Locais:** o autóctone terá maiores condições de falar sobre Jesus, pois faz parte da mesma etnia e a rejeição será um pouco menor. Porém, ressaltamos que, dependendo do povo a ser alcançado, essa estratégia não surtirá efeito desejado, pois há alguns povos como muçulmanos e indianos que, quando os nativos se convertem não são aceitos na comunidade.

5. **Adequar-se ao Modo de Vida Local:** essa adequação, a princípio, não é tão fácil, porém, com o tempo, o missionário conseguirá adequar-se. Se está trabalhando no meio de uma população muito pobre, não é bom se exibir com luxo exagerado. Deverá assimilar a maneira de falar, de andar, de se vestir e estar a par dos costumes da comunidade, ainda que para o missionário não seja algo relevante ou que ele julgue coisa sem valor, é bom fazer da mesma maneira para que seja aceito pela comunidade.

6. **Inovações Necessárias:** será preciso modificações constantes em nossos métodos à medida que avaliamos os resultados, por isso o missionário deve estar aberto a essas mudanças, pois faz parte da estratégia.

7. **Viabilidade do Projeto:** quanto ao método a ser utilizado, deve-se mensurar o custo do trabalho, pois não adianta traçar um plano estratégico utópico, ou seja, fora da realidade do missionário e da igreja que o enviou. Tem que se avaliar quando o método é caro demais, se os resultados justificam os custos e se trarão benefícios para a obra de evangelização.

8. **Projetos Sociais:** na educação, saúde, higiene, nutrição, vestuário, artesanato, cursos profissionalizantes, ajuda humanitária, medidas profiláticas etc.

4.2.2. Elaboração de Projetos

Todo projeto para dar certo precisa ser bem preparado. Tudo deve ser meticulosamente avaliado para se evitar surpresas desagradáveis e que maculem o cumprimento da obra. Na sua elaboração deverão ser avaliados questões como educação, profissão, trabalho comunitário, conhecimento de música, domínio básico de tecnologia moderna, estabelecer parcerias e se preparar através de cursos profissionalizantes.

a) **Educacional:** os obreiros com formação pedagógica poderão atuar como professores, utilizando sua experiência em benefício da população. Uma das táticas que tem dado muito certo em alguns países, principalmente aqueles fechados ao Evangelho, é aula de inglês; pessoas com especialidade nessa área são aceitas por esses povos e assim a Palavra de Deus pode ser pregada. A alfabetização também é ferramenta relevante para se alcançar os perdidos, pois o método é ensinar a ler e escrever utilizando a Bíblia, assim eles mantêm contato com a Palavra desde o início.

b) **Profissionais da Saúde:** enfermeiros, médicos, dentistas, psicólogos, nutricionistas, e profissionais da saúde em geral, são instrumentos poderosos para a divulgação do Evangelho, pois geralmente os que deverão ser alcançados são pessoas carentes e assoladas pela miséria e pelas doenças.

c) **Ajuda Comunitária:** projetos sociais dessa natureza deverão ser realizados em conjunto com a igreja mantenedora, pois o missionário não tem recursos próprios para tal feito. A igreja encarregada do sustento da obra poderá enviar ajuda para remédios, roupas, alimentos, brinquedos para as crianças etc.

d) **Música:** essa é uma arte aceita pela maioria das pessoas e o missionário que a domina poderá ensiná-la a adolescentes e jovens, estabelecendo um ponto de ligação para levar Cristo a eles.

e) **Tecnologia:** professores que atuam na área da computação poderão trabalhar com a inclusão digital nas comunidades mais pobres.

f) **Parcerias:** outro trabalho em conjunto com a igreja são as associações beneficentes. O próprio Ministério pode criar uma entidade filantrópica e através dela se associar com outras de maior porte e beneficiar toda uma população, além de ser visto com bons olhos pelos políticos locais. Um exemplo disso são cidades de áreas carentes do Brasil que conseguem convênio com a Visão Mundial, entidade sem fins lucrativos que auxilia o povo carente, principalmente as crianças, através do sistema de apadrinhamento. Essa entidade filantrópica envia recursos para serem destinados à população fazendo com que a igreja dessas localidades caia nas graças do povo, o qual fica mais receptivo ao Evangelho.

g) Cursos Profissionalizantes: já se descobriu que em muitos lugares a miséria instaurada não é tanto pela falta de recursos, mas por não saberem como utilizá-los. Esses cursos ajudam a população a tirar o seu sustento da própria terra, através do artesanato, medidas profiláticas, cavando poços artesianos, criando hortas comunitárias e outros meios de trabalhar com o que se tem à mão.

4.2.3. Avaliação dos Métodos

Para a boa funcionalidade do plano de trabalho, os métodos precisam ser bem avaliados da seguinte maneira:

a) Utilidade ou funcionamento;
b) Aceitação;
c) Aplicabilidade;
d) Praticabilidade;
e) Eficiência do Método;
f) Custos;
g) Resultados;
h) Alicerçado na Palavra de Deus.

O método também precisa ser avaliado em relação à igreja nacional da seguinte maneira:

a) Se constrói e fortalece a igreja nacional;
b) Se inclui a participação dos membros e líderes da igreja;
c) Se exige participação financeira da igreja;
d) Se vem ao encontro das necessidades do povo;
e) Se for culturalmente afinado com o povo;
f) Se é fácil de implantar e sustentar.

4.2.4. Métodos

A seguir, apresentaremos alguns tipos de trabalho que podem ser realizados.

1) Filmes;
2) Folhetos para evangelismo pessoal;
3) Visitas de porta em porta;
4) Cruzadas evangelísticas em massa;

5) Meios de comunicação: telefone, rádio, televisão, internet, correspondências, livros, jornais e revistas;
6) Atividades ao ar livre;
7) Trabalhos em Escolas sobre drogas, sexo, família, higiene e outros cuidados;
8) Trabalhos em hospitais, orfanatos, creches, presídios, asilos, albergues e centros de reabilitação;
9) Feiras e bazares;
10) No Transporte Coletivo;
11) Através de Autdoors;
12) Distribuição de Bíblias;
13) Estudos nos lares;
14) Reuniões sociais: café, chá, almoço ou jantar social;
15) Trabalhos com mobilidade: tendas, veículos etc.;
16) Esporte: futebol, ginástica, natação, musculação, competições atléticas e outros;
17) Reunião de negócios.

Questão para Reflexão

Elabore um projeto missionário para uma localidade carente em sua comunidade observando a aplicabilidade, a viabilidade e a aceitação. Depois apresente aos colegas e discutam sobre o plano evangelístico, as dificuldades e as lições tiradas do projeto após sua execução.

Grandes Nomes em Missões e seus Trabalhos

Missões se fazem em nome de Jesus, pelo ministério do Espírito do Santo, para glória de Deus-Pai e na instrumentalidade de servos e servas fiéis a Deus, que se entregam sem reservas para serem testemunhas neste mundo de trevas. Os relatos bíblicos e também históricos nos apontam nomes que se tornaram notórios e grandes por causa da entrega na obra missionária. Homens e mulheres que não tiveram a sua vida por preciosa, preferiram renunciar a seus projetos pessoais e a uma vida de regalias para se tornarem, em alguns casos, como a escória da sociedade, sendo apedrejados, incompreendidos, caluniados, torturados e outros mortos por amor a Cristo e sua obra. Neste capítulo, especialmente, separamos alguns desses nomes e as obras que foram realizadas através de suas vidas.

5.1. As Testemunhas de Cristo na Obra Missionária

O maior nome na obra de Deus, sem dúvida alguma, é o de Jesus Cristo. Ele iniciou essa obra quando deu sua vida na cruz do Calvário. Depois dEle é que aparecem outros nomes que em tudo dependeram de Jesus para alcançarem êxito na obra missionária. A seguir apresentaremos alguns deles.

1) Apóstolo Paulo: depois de sua conversão, tornou-se o maior defensor do Evangelho e por ele deu sua própria vida. Paulo plantou igrejas, cuidou delas, separou e preparou obreiros, enfim, fez muito por Missões no mundo da sua época. Seu fim, segundo a tradição, foi a morte por degolamento.

2) **Policarpo:** um dos primeiros mártires da igreja. Em 156 a.D., as autoridades o prenderam, ele tinha 86 anos de idade. Foi convidado a negar sua fé, porém, diante da recusa, foi lançado na fogueira.

3) **Justino:** ainda jovem tornou-se um dos mais hábeis defensores da fé.

4) **Ulfila:** um dos grandes missionários estrangeiros. Após 40 anos de trabalho com os godos, traduziu a Bíblia para esse povo. Morreu em uma missão a Constantinopla.

5) **Anskar:** o "apóstolo do Norte", ascético de coração. Foram atribuídos a ele grandes milagres, porém ele não gostava que o louvassem por isso. Ele dizia que o maior milagre de sua vida seria que Deus fizesse dele um homem completamente piedoso.

6) **Las Casas:** um dos maiores humanistas e missionários da história do Cristianismo. Lutou pela defesa dos índios.

7) **Raimond Lull:** Nasceu em 1232 na cidade de Maiorca, junto à costa da Espanha, no Mediterrâneo. Passou por profunda transformação interior e se dedicou a pregar o Evangelho entre os muçulmanos. Depois de algum tempo, com mais de 80 anos na Tunísia, orando com um grupo de novos convertidos, resolveu se apresentar publicamente e oferecer sua vida pela causa de Cristo. Pregou em praça pública e a turba furiosa se revoltou contra ele e o apedrejaram.

8) **Conde Nicolas Ludwig Von Zinzendorf:** precursor de um grande avivamento.

9) **John Wesley:** destaque dentro do Metodismo; tinha, desde a infância, influências do puritanismo e do anglicanismo. Pregou o Evangelho de tal forma que influenciou toda uma nação, a Inglaterra. Era um pregador itinerante, percorria grandes distâncias a cavalo. Sua paróquia era o mundo, dizia ele.

10) **William Carey:** considerado o "pai das missões modernas", era inglês, foi sapateiro dos 16 aos 28 anos. Pertencia à Igreja Batista. Carey tinha grande preocupação com a obra missionária e desejo de ir ao campo. Foi fundador da Sociedade Batista Missionária dos Estados Unidos e chamado para trabalho transcultural na Índia.

11) **Alexandre Duff:** à semelhança de Carey, dedicou-se à Índia.

Nasceu e foi criado na Escócia, sendo educado na Universidade de St. Andrews. O avivamento evangélico na Escócia entusiasmou esse jovem e ele se tornou o primeiro missionário da Igreja escocesa para o interior. Sofreu dois naufrágios indo para a Índia. Duff se dedicou a fundar institutos para ensinar inglês. Vários príncipes hindus vieram do interior para conhecer suas instituições. Por motivo de saúde, teve que retornar a seu país. Faleceu aos 72 anos.

12) **Adoniram Judson:** americano, da igreja congregacional, porém foi enviado por batistas americanos para a Índia. Mas atuou mesmo na Birmânia, onde ficou por 40 anos evangelizando os nativos. Na guerra entre Inglaterra e Birmânia, ficou preso e nesse período perdeu sua esposa. Faleceu durante uma viagem para a Baía de Bengala e seu corpo foi jogado no mar.

13) **David Livingstone:** também era escocês, estudou medicina e teologia, foi enviado para a África pela Sociedade Missionária Londrina. Desbravou o interior da África divulgando o Evangelho e ao mesmo tempo contribuindo para a exploração do continente. Após sua morte, seu coração foi enterrado na África e seu corpo foi levado para a Inglaterra. Fato curioso, pois quando os ingleses iam levar seu corpo, os africanos arrancaram seu coração e disseram: "Levem o corpo, mas não o coração, porque o seu coração é africano".

14) **Mary Slessor:** era escocesa e representa as mulheres que se dedicaram à obra missionária. Apresentou-se em 1875 para a Missão de Calabar, na Nigéria, uma das que aceitavam missionárias solteiras. Fez trabalho pioneiro de evangelismo, mas também se envolveu com escolas, clínicas médicas e trabalhava com a população local.

15) **Robert Morrison:** inglês, presbiteriano, apresentou-se à Sociedade Missionária Londrina e foi enviado para a China. Foi o primeiro a traduzir a Bíblia para o chinês. Serviu por 27 anos na China. Estudou medicina.

16) **John Paton:** escocês, também presbiteriano, no início trabalhou com os cortiços de Glasgow. Depois, foi para as ilhas do Pacífico e trabalhou em diversas ilhas alcançando quase todas elas.

17) **John Eliot:** foi um dos primeiros missionários entre os índios americanos e ficou conhecido como "O Apóstolo dos Índios". Pertencia à Missão Indígena dos Puritanos da Nova Inglaterra e trabalhou duramente toda sua vida tentando alcançar os indígenas.

18) **Daniel Berg e Gunnar Vingren:** esses são grandes nomes para

a obra missionária no Brasil, principalmente para a Assembleia de Deus, que foi fundada por eles. Esses homens saíram de seu país natal para se dirigirem a uma terra desconhecida, apenas com um nome que lhes fora dado por revelação: Pará. Procuraram esse nome e acharam o Brasil. A história diz que a estratégia deles era a seguinte: enquanto Daniel Berg trabalhava, Gunnar Vingren se ocupava da pregação da Palavra.

Com certeza, há muitos outros nomes que poderiam estar nessa lista, porém nosso objetivo não é simplesmente exaltar uns em detrimento de outros, e cremos que nem mesmo eles gostariam disso. Apenas queremos divulgar seus esforços para que todos sejam tocados e tenham também o mesmo desejo deles, o de evangelizar o mundo. Existem muitos missionários cujos nomes não são lembrados, mas foram importantes para a obra de Deus e com certeza receberão do Senhor o galardão naquele dia. Lembramos, também, que nenhum desses homens teriam realizado a obra missionária se não fosse o apoio de suas esposas.

Questão para Reflexão

Dessa lista de missionários, qual deles lhe chamou mais a atenção? Por quê?

O que podemos aprender com esses homens? Podemos hoje fazer o mesmo?

Uma Perspectiva Sociológica e Cultural de Missões

Nesta unidade, estudaremos Missões numa visão Sociológica e Cultural, ou seja, estudaremos o comportamento humano em função do meio e os processos que interligam os indivíduos na sua religião, e instituições. Analisaremos culturalmente as crenças, comportamentos, valores, instituições, regras morais que permeiam e identificam uma religião, que demonstra a identidade própria de um grupo humano em um território. No primeiro capítulo, apresentaremos alguns povos do mundo, tabelas e estatísticas da evangelização destes povos, o desafio de evangelizarmos a janela 10/40, e o número de povos não alcançados no mundo. No segundo capítulo, verificaremos a quantidade de idiomas no mundo, muitos ainda não conhecem a Bíblia e também estudaremos quais os grupos que trabalham com as traduções das Escrituras Sagradas para as línguas que não tem a Bíblia escrita no seu idioma. No terceiro, analisaremos povos isolados e povos não alcançados abordaremos o seguinte assunto: o planejamento adequado para alcançar os povos isolados. No quarto, observaremos um estudo em profundidade dos indígenas do Brasil, suas origens, como foi o contato deles com os portugueses, e como foi o relacionamento dos colonizadores com eles ao longo dos séculos e, em nossos dias, como é o relacionamento de nossa sociedade com os índios. Por fim, no quinto capítulo, discutiremos as estratégias para alcançar os povos indígenas.

CAPÍTULO 1

Povos do Mundo (tabelas e estatísticas)

O Cristianismo, o Islamismo e o Hinduísmo são as três maiores religiões do mundo. Para cada uma dessas religiões, podemos dizer o nome de um país em que essa religião é a predominante. Por isso, neste capítulo, verificaremos como os países formam blocos quase contínuos quando vistos pelo prisma da religião. Estima-se que mais de 85 mil pessoas morrem por dia sem nunca terem ouvido falar o Nome de Jesus sequer uma vez na vida. Ou seja, 2,5 milhões de pessoas morrem a cada mês e vão para a eternidade sem terem sido evangelizadas. Até amanhã, a esta hora, mais de 85 mil vidas terão ido para o inferno, e se cremos mesmo na bíblia, saberemos que isso não é sensacionalismo, mas que é a nossa mais pura realidade. Por esse motivo, há uma urgência em prol da evangelização dos povos não alcançados. Assim, estudaremos a finalidade de manter acesa a chama de evangelização que, consequentemente, contagia a igreja onde estamos inseridos.

1.1. Evangelizando os Povos do mundo

Há 12.000 povos no mundo, e cerca de 3.500 povos, em sua maioria, têm pouca chance de ouvir o Evangelho. Desses 3.500 povos, já há cristãos e/ou trabalhos em 2.500 deles. Como definimos os não alcançados? O Grupo de Trabalho sobre estratégia adotou uma definição funcional. Um povo não alcançado é um grupo que tem menos de 20% de cristãos praticantes. O que é um povo? Definimos povo como sendo um agrupamento sociológico significantemente grande, constituído de indivíduos que têm a consciência de uma afinidade em comum com os outros por causa de seu idioma, religião, etnia, residência, ocupação, classe ou casta, situação ou por causa de combinações em vários aspectos. Os 12.000 povos da lista foram colocados nas seguintes categorias abaixo:

Categoria de Povo	**Número Categoria**	**Pop. Aprox.**	**% da Pop. Mundial**
Acima de 10.000 pessoas, mais de 2% dos evangélicos e mais de 5% de seguidores do Cristianismo.	6.000	3.620 milhões	60,3
Acima de 10.000 pessoas, menos de 2% dos evangélicos e menos de 5% de seguidores do Cristianismo. (é igual à de cima mesmo?)	1.600	2.350 milhões	39,2
Abaixo de 10.000 pessoas (maioria de imigrantes ou minorias habitantes de fronteira).	Acima de 4.400	30 milhões	0,5
Totais Mundiais	**12.000**	**6.000 milhões**	**100,0**

O propósito principal é cumprir o "ide" e ter uma Igreja para cada povo: até que ponto esse objetivo foi alcançado? O desafio para congregações nacionais e internacionais e agências para a adoção de povos para oração e ministério teve grande impacto nos anos 90.

Bryant Myers num de seus artigos sobre missões, pergunta: "Onde estão os perdidos e os pobres?". E responde: "Os pobres são os perdidos e os perdidos os pobres". Ele chegou a essa conclusão após demonstrar que a maioria dos povos não alcançados vive nos países mais pobres do mundo.

Quando os cristãos de 170 países se encontraram em Lausanne II

(Manila-1989), houve um grande interesse pelos materialmente pobres. Na segunda sessão de Manila, o interesse foi lembrado com a seguinte declaração: "Nós temos sido novamente confrontados com a ênfase de Lucas, que o Evangelho é as boas-novas para o pobre (Lc 4.18; 6.20; 7.22) e temos que perguntar a nós mesmos se isso não significa que a maioria da população do mundo não está destituída, sofrendo e oprimida. Nós temos sido lembrados que na lei, nos profetas, nos livros de sabedoria e nos ensinamentos e ministério de Jesus, Deus sempre se interessou pelos pobres materialmente e nós, como consequência, devemos defendê-los e cuidar deles".

Cristãos comprometidos não podem ignorar a realidade de que há um paralelo marcante entre os países pobres do mundo e os não evangelizados.

1.2. A Janela 10/40

A grande maioria dos povos 'menos evangelizados' se encontra numa área conhecida como a Janela 10/40. Essa área, do paralelo 10 acima do Equador até o paralelo 40, estendendo-se desde o Pacífico, no Oeste, até a Ásia, no Leste, e possui desafios tão grandes que já chamou a atenção das igrejas e agências missionárias ao redor do mundo.

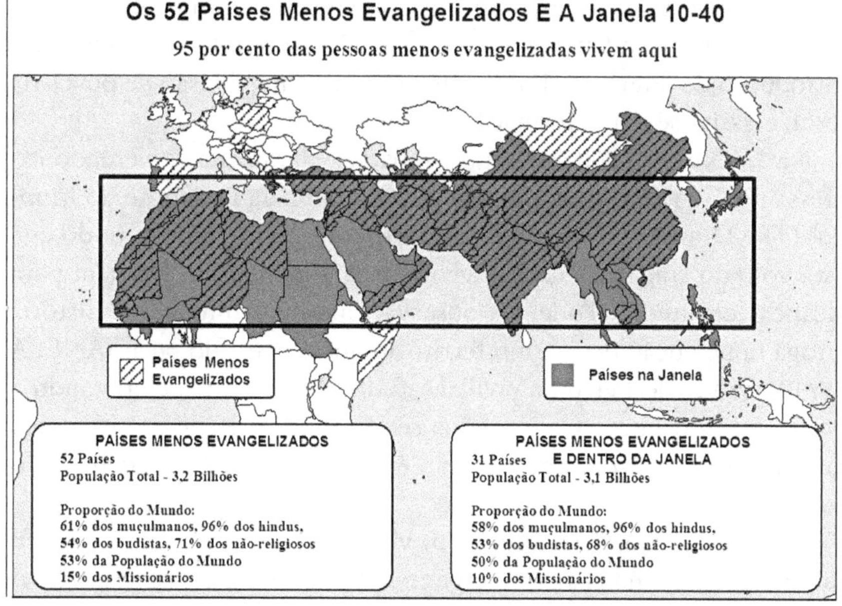

Fonte: www.sepal.org.br

Na Janela 10/40 há: 1. A maioria dos pobres; 2. A maioria dos não evangelizados; 3. A maioria dos subnutridos e famintos; 4. A maioria dos povos menos evangelizados; 5. A maioria dos países e povos que seguem religiões hostis ao Cristianismo. Mas os povos não alcançados não são propriedade exclusiva da Janela 10-40; também há outros lugares no mundo onde existem povos não alcançados.

1.3. O Significado bíblico e histórico dessa área

A fundamental razão por que os cristãos devem focalizar a "JANELA 10/40" é por causa do significado bíblico e histórico dessa área. Realmente, a Bíblia começa com a explicação que Adão e Eva foram colocados por Deus no "coração" do que agora é a "JANELA 10/40". O plano de Deus, expresso em Gênesis 1.26, era que os seres humanos teriam domínio sobre a terra e deveriam preenchê-la. E quando Adão e Eva pecaram perante Deus perderam seu domínio sobre a terra.

O comportamento pecaminoso do homem cresceu muito diante de Deus e Ele interveio e julgou a terra com a catástrofe do dilúvio. Depois, os homens, inutilmente, vieram a estabelecer seu novo intento, construindo a Torre de Babel. Essa obra ocorreu no 'coração' da "JANELA 10/40" e foi feita como uma provocação contra Deus. Novamente, Deus estendeu Sua mão como julgamento. O resultado foi a introdução de diferentes línguas, feitas como uma divisão de povos da terra, e assim se deu a formação de nações.

Na "JANELA 10/40" nós podemos ver claramente a verdade expressa no livro de Graham Scroggie, "O Drama da Redenção do Mundo" (The Drama of World Redemption), que diz: "Há um mundo que está voltado contra Deus; Ele vendo isso escolheu um Homem para alcançar o mundo". Podemos observar que mais uma vez a história antiga faz menção do mesmo território que é marcado pela "JANELA 10/40", vindo do berço da civilização da Mesopotâmia e cruzando a parte fértil do Egito. Os impérios se levantaram e caíram, isso pelo fato do povo de Israel ter vacilado em sua relação de obediência ao governo de Deus.

Foi por isso que Cristo nasceu, viveu uma vida perfeita, morreu sacrificialmente na cruz e se ergueu triunfalmente sobre a morte. A Igreja primitiva anunciou isso, mas foi somente após as viagens missionárias de Paulo que a proclamação ocorreu mais além da "JANELA 10/40". Sem dúvida, é uma área de significação bíblica e histórica.

1.4. Janela 10/40 - Um Grande Desafio

Devemos focalizar a "JANELA 10/40" porque ali vive o maior número de países não alcançados. Esses "não evangelizados" são países que não tem o mínimo conhecimento do Evangelho e também não tem tido oportunidade para conhecê-lo. Isso abarca somente 1/3 da área total da terra, mas perto de 2/3 da população do mundo residem ali na "JANELA 10/40". Com um total aproximado de 3 bilhões de pessoas, a "JANELA 10/40" inclui 57 países, estados soberanos e não soberanos. Esses países, com a maioria de suas terras, encontram-se dentro das fronteiras da "JANELA 10/40".

Dos 52 países menos evangelizados do mundo, 31 estão dentro da "JANELA 10/40". Esses 31 países compreendem 97% do total da população dos 52 países menos evangelizados. Tudo isso nos leva, sem dúvida, a ver que a "JANELA 10/40" é um lugar que centraliza os menos evangelizados.

Se tomarmos com seriedade o chamado de pregar o Evangelho a toda criatura, se fizermos discípulos de todos os povos e se formos testemunhas de Jesus até o último da terra, precisamos reconhecer a prioridade de concentrarmos nossos esforços na "JANELA 10/40". Em nenhum lugar é tão "gritante" a necessidade da verdadeira salvação, que está somente em Jesus Cristo.

1.5. O alcance aos povos

Segundo as estatísticas, 27% das pessoas do mundo ainda não ouviram o Evangelho. A tarefa inacabada ainda é grande e não podemos descansar. Agradecemos a Deus pela Rádio evangélica que tem a capacidade potencial de cobrir 99% das pessoas do mundo. Mas será que todas as pessoas não alcançadas têm aparelhos de rádio? O Filme Jesus já foi traduzido para diversas línguas do mundo. Mas alguém precisa passar o filme para elas. Louvamos a Deus pelos tradutores da Bíblia e pelo fato de que hoje o Novo Testamento já foi traduzido para a língua de 94% das pessoas do mundo. Mas quem lhes dará uma cópia? Não podemos descansar. Pensando na situação do mundo, nossa missão ainda não foi cumprida.

Questão para Reflexão

Hoje, há mais de seis bilhões de pessoas no mundo. E cada pessoa é preciosa para Nosso Pai. Por isso Ele nos deixou a ordem: "*Ide, fazei discípulos de todos os povos*" (Mt. 28). "*Pregai o Evangelho a cada criatura*" (Mc.14). Já cumprimos nossa missão? Até onde chegamos com o Evangelho? Quantas pessoas ainda não ouviram a mensagem que Jesus nos mandou pregar?

CAPÍTULO 2

Idiomas e culturas do mundo (grupos que trabalham com traduções das Escrituras Sagradas)

A tarefa da igreja, podemos afirmar, é interna e externa. Grande quantidade de pessoas morrem a cada ano sem nunca terem ouvido o Evangelho. Existem 7.000 dialetos de pequenos e isolados povos totalmente sem acesso às Escrituras. A tarefa primordial de hoje é a multiplicação crescente de igrejas nas sociedades receptivas da terra, pois não podemos nos esquecer do "Ide" de Nosso Senhor Jesus Cristo. Neste capítulo, estudaremos sobre os idiomas do mundo. Em seguida, verificaremos o grande desafio da Igreja. E, por fim, analisaremos o número das traduções da Bíblia.

2.1. Os Idiomas no Mundo

Há 6.913 línguas no mundo, porém se torna mais complicado a evangelização quando olhamos da perspectiva da língua materna das pessoas, e não apenas o idioma oficial do país onde moram. Embora a importância do inglês no mundo tenha aumentado por causa da Internet, a língua mais falada do mundo é o chinês (1 bilhão de falantes). Depois vem o inglês (350 milhões de falantes), o Espanhol (336 milhões), o Hindi-Urdu, na Índia (263 milhões), o Árabe (248 milhões).

As Línguas do Mundo (língua materna)

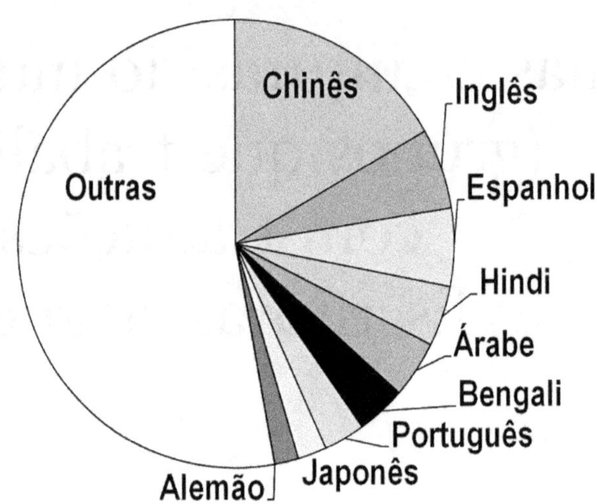

2.2. A Tradução da Bíblia

No mundo de hoje, existem aproximadamente 220 países. Nesse universo, quantas línguas são faladas? Demora-se em média de 15 a 20 anos para traduzir a Bíblia para uma língua. Há muitos missionários investindo seu tempo nesse trabalho, e não podemos nos esquecer de orar por eles, que já o fazem, e para que Deus levante outros para se juntar a esses grupos.

CAMPOS BRANCOS **Tradução da Bíblia no mundo**

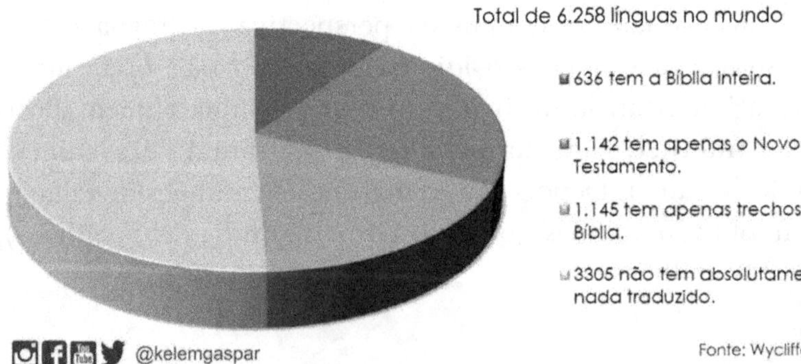

Fonte: upcristo.com

Dados de 2016 apontam que, em um universo de 6258 línguas, 636 tem a Bíblia inteira, 1142 tem apenas o Novo Testamento, 1145 tem apenas trechos das Sagradas Escrituras e, 3305 não possuem nada traduzido. Ainda há línguas pequenas, ou seja, idiomas falados pelas populações menores, para os quais nada da Bíblia foi traduzido. Exemplo disso, são algumas tribos indígenas brasileiras.

A Bíblia já foi traduzida para diversas línguas do mundo, mas ainda há povos inteiros que não têm acesso às Escrituras Sagradas em seus idiomas e dialetos, especialmente aqueles pequenos e isolados. O esforço enorme dos tradutores da Wycliffe, das Sociedades Bíblicas, das Gravações Evangélicas, das Novas Tribos, e de outros, têm dado resultados superpositivos. O Novo Testamento pode levar décadas para ser traduzido. Quem traduz a Bíblia investe sua vida.

2.3. O Grande Desafio

As Sagradas Escrituras nos relatam diversos personagens bíblicos que passaram por grandes desafios. Alguns exemplos bíblicos em que Deus ajudou seu povo a vencer: Davi e Golias, Israel e Jericó. Talvez o maior desafio que nós enfrentamos hoje é A Grande Comissão: "*Ide e fazei discípulos de todos os povos*" (Mt 28:19-20).

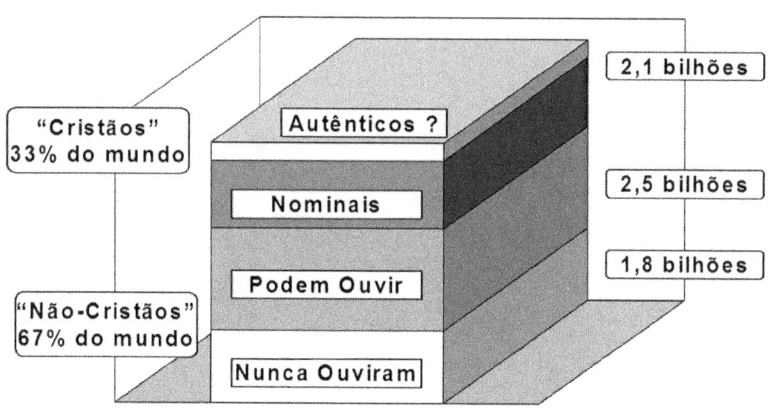

Fonte: www.sepal.org.br

Atualmente 1/3 das pessoas do mundo (2 bilhões) se autodenominam "cristãs", 2/3 das pessoas do mundo (quase 4 bilhões) não são cristãs e mais de 1 bilhão são muçulmanas. Do mundo, 1/4 (1 bilhão e meio de pessoas) nunca ouviu o Evangelho e nunca ouvirá, a menos que alguém vá até eles para falar de Cristo. Com quem podemos contar para levar a sério a ordem de fazer discípulos de todos os povos?

A grande surpresa dos últimos 40 anos é o crescimento do evangelho no chamado Terceiro Mundo. Hoje em dia, a maioria dos evangélicos vive na Ásia, África ou América Latina. O vento de Deus está soprando na América Latina e isso traz grande bênção, mas também traz grande responsabilidade.

Questão para Reflexão

Demora-se, em média, de 15 a 20 anos para traduzir a Bíblia para uma língua. Você estaria disposto a investir seu tempo nesse trabalho? E de orar por aqueles que já o fazem? Se você fosse responsável por avaliar o trabalho desenvolvido por um grupo que faz traduções da bíblia, que critério utilizaria, a partir do que foi apresentado neste capítulo?

CAPÍTULO 3

Povos Isolados e Povos não Alcançados

Cada povo possui sua cosmovisão particular, a qual só pode ser assimilada por aqueles que, de alguma forma, esforçam-se por pensar como um natural daquele grupo. Esse é um compromisso que deve ser assumido por todo aquele que se dispõe a anunciar a sua fé a outrem. Por isso, neste capítulo, abordaremos os seguintes assuntos: o planejamento adequado para alcançar os povos isolados; desenvolvimento de uma linha de coerência; procedimento para enfoque do grupo humano; o papel da oração em missões pioneiras; a tarefa inacabada e Paquistão, um país com vários povos. Com essas informações, certamente, seremos evangelizadores, prontos para o serviço de Deus.

3.1 Planejando adequadamente para alcançar os não Alcançados.

Nesta tarefa, de planejar para alcançar, é necessária a sensibilidade e o entendimento de cada povo como uma nação, evitando rotular ou agir de forma descomprometida com as particularidades culturais inerentes àquela determinada realidade.

Em toda a diversidade étnico-cultural, podemos ter certeza de que pelo menos uma necessidade é comum a todos os povos: a mensagem restauradora do Evangelho, sendo proclamada em seu sentido integral, ou tricotômico, como alguns preferem. Os evangelistas, preocupados com a proclamação da mensagem, os promotores do desenvolvimento, interessados em assistência social, e os carismáticos, enfatizando a necessidade de curas e milagres, todos devem trabalhar juntos para a implantação do Reino de Deus. Vejamos, então, de que forma o conhecimento dessa Verdade Universal deve ser desenvolvida em cada localidade que exista um grupo humano.

3.2. O Desenvolvimento de uma Linha de Coerência

Para planejarmos adequadamente, é preciso que tenhamos a certeza de onde queremos chegar. Ter claros na mente os objetivos é requisito para o sucesso de todo o empreendimento. Assim, torna-se necessário seguir uma linha de coerência, que deve apresentar alguns passos importantes para o seu desenvolvimento.

Um primeiro momento consiste na reunião de informações sobre o grupo humano que se pretende alcançar, conforme vemos em Números 13.1-3. Nessa passagem bíblica, Moisés envia doze espias para olharem a terra, a fim de conhecê-la, estudá-la. Jesus certa ocasião ensinou: ...se algum de vós está querendo edificar uma torre, não se assenta primeiro a fazer as contas dos gastos, para ver se tem com que a acabar?... Com isso, o Mestre ensinava um princípio bem presente na Palavra de Deus, algo que denominamos de pesquisa.

Infelizmente, calcula-se que 50% das pesquisas desenvolvidas ficam nas prateleiras, fugindo de seu real propósito. A finalidade de uma pesquisa nunca está em si mesma, antes tem por fim último a realização de uma determinada tarefa, através de um bom planejamento. É interessante notar que o general Josué foi primeiro um espião da terra, um pesquisador, enviado para avaliar as circunstâncias. As palavras de John D. Robb nos define um bom conceito de pesquisa: "Consiste numa tentativa de prover a experiência que falta, uma experiência de que necessitamos para realizar a tarefa."

Uma outra etapa na linha de coerência é a estratégia. Esta sucede a pesquisa e pode ser definida como um plano elaborado para atingir os objetivos, fruto de uma reflexão a partir dos dados coletados com a pesquisa. Em nosso caso, a estratégia serve como ferramenta auxiliar para o aperfeiçoamento do ministério. Propósitos, objetivos, planos e recursos compõem os ingredientes necessários para uma boa estratégia.

Quando Cristo enviava seus discípulos de dois em dois, Ele utilizava uma estratégia bíblica (segundo Ec 4.9-12). Aqui aprendemos que o preparo, o treinamento ou a simples aplicação de métodos podem dinamizar o trabalho, fazendo-nos colher melhores frutos de nosso serviço. Depois da pesquisa e da estratégia, podemos investir na prática do ministério entre um grupo humano.

3.3. Procedimento para Enfoque do Grupo Humano

No procedimento para se focalizar um grupo humano qualquer é preciso seguir uma ordem de atividades. A não obediência às etapas aqui expostas pode significar um conhecimento parcial desse grupo, ou mesmo impressões erradas sobre o grupo em evidência. Para se conhecer um povo, ainda que superficialmente, exigem-se alguns critérios de pesquisas conforme já vimos e, também, alguns cuidados especiais que busquem derrubar as barreiras de preconceitos que geralmente trazemos da cultura estranha.

Um primeiro aspecto para o enfoque do grupo humano é a consulta a documentos e a pessoas com conhecimento especializado sobre o povo que se pretende conhecer. Essa etapa requer certo esforço com estudos prévios sobre a sociedade autóctone, antes mesmo que se estabeleça algum contato.

Um segundo aspecto é o que podemos chamar de avaliação participante, que consiste em investigar e descrever as impressões pessoais, a partir de um contato inicial que se tem com a cultura e seu contexto. Ainda nessa fase, é preciso haver a quebra dos preconceitos através da observação, do convívio e da interação com a comunidade.

Um terceiro momento é desenvolvido em um nível mais profundo, sob uma atmosfera de familiaridade e contextualização. Assim, o missionário já consegue, nesse estágio, fazer uma abordagem étnica com maior justiça, reconhecer e pontuar os valores culturais sem deixar profundas marcas de sua própria bagagem cultural e, sobretudo, estar apto a realizar mapeamentos, entrevistas e registrar descobertas com propriedade. Uma vez alcançado esse patamar no enfoque cultural, pode-se afirmar que aquele grupo está devidamente alcançado, para fins de começo de algum projeto missionário a ser implantado e desenvolvido entre ele.

3.4. O Papel da Oração em Missões Pioneiras

Não nos resta dúvida de que a oração é a chave para o empreendimento missionário. Quando olhamos para a história de missões, podemos ver as proezas que foram realizadas sobre o alicerce da oração.

Precisamos entender que a Obra de Deus é, também, uma batalha espiritual, na qual a Igreja combate para pôr abaixo as portas do inferno. Nessa guerra, a vitória do povo de Deus já é certa, pois as Sagradas Escrituras nos garantem o êxito (Mt.16.18; Rm 8.37). Cabe-nos, então, termos a consciência dessa peleja e, sobretudo, de seu resultado já definido ao nosso favor.

3.5. A Grande Comissão: A Tarefa Inacabada

Apesar de um avanço fabuloso nos últimos 200 anos, ainda temos muito trabalho a realizar em prol da evangelização. Vivemos num mundo com mais de 6 bilhões de pessoas, e muitas delas ainda não ouviram falar sobre Jesus (ou não ouviram o suficiente para entender e tomar uma decisão séria). Abaixo podemos observar o desafio dessa tarefa inacabada.

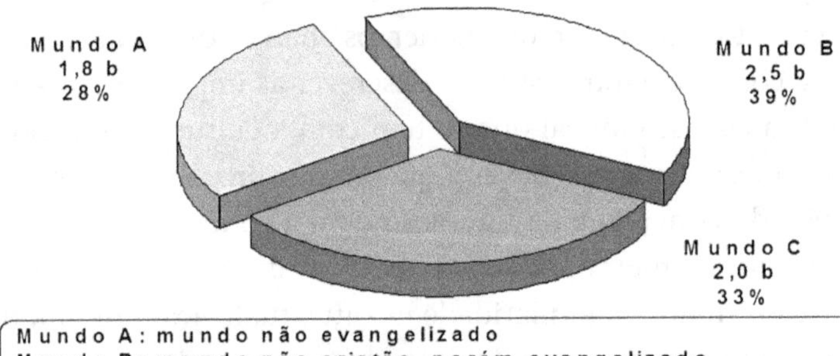

Fonte: www.sepal.org.br

Destaques – Podemos dividir as pessoas do planeta em três grupos ou mundos:

Mundo C: As pessoas que se dizem cristãs (hoje 1/3 do mundo).

Mundo B: As pessoas que ouviram e entenderam o Evangelho, mas o rejeitaram.

Mundo A: As pessoas que ainda não ouviram ou entenderam a mensagem do Evangelho (mais de 1/4 do mundo).

O Senhor Jesus deu claras instruções à Sua Igreja no Seu ministério após a ressurreição:

O desafio evangelístico	Marcos 16.15
O desafio dos discipulados/implantação de igrejas	Mateus 28.18-20
O desafio do ensino	Lucas 24
O desafio de missões	João 20.21
O desafio global	Atos 1.8

3.6. Paquistão um país, vários povos

Há aproximadamente duzentos anos, as igrejas enviavam seus missionários pensando no continente Africano. Recentemente, descobriu-se a chave mestra para alcançar aqueles que ainda não ouviram o Evangelho: descobriram a diferença entre país e povo.

Fonte: www.sepal.org.br

A maioria dos países do mundo contém grupos étnicos que nem falam a língua oficial do país. Um exemplo é o Paquistão. Cada povo representa um grupo etnolinguístico de cultura, costumes e línguas diferentes. Alguns países possuem centenas de povos, como, por exemplo, a Índia e a Indonésia.

Questão para Reflexão

Quando oramos por missões (como igreja ou individualmente), quantas de nossas orações focalizam povos específicos? Qual a maior dificuldade em orar por povos e não apenas por países?

Como você pode ajudar a mudar esse quadro? E sua igreja? Você acha que a maioria das pessoas de sua igreja sabe que há tanta gente no mundo que nunca ouviu falar de Jesus?

CAPÍTULO 4

Um Estudo em Profundidade dos Indígenas do Brasil

Jesus nos deu este mandamento: "*Fazei discípulos de todas as nações*" (Mt.28:19b). E em Ap.5:9 diz, a respeito de Jesus: "*...foste morto e com o teu sangue compraste para Deus os que procedem de toda tribo, língua, povo e nação...*". Esta é a vontade de Deus: que as Boas-Novas da salvação em Jesus Cristo cheguem a todos os povos! Mas ainda há muitos povos na face da terra que não receberam essa mensagem, inclusive em nosso próprio país, que são os povos indígenas. Neste capítulo, estudaremos a origem dos povos indígenas no Brasil. Também abordaremos as estatísticas sobre as tribos que já tem trabalho dos missionários e números de índios e tribos. Ainda trataremos sobre as traduções da Bíblia para a língua dos índios.

4.1. Origem dos povos indígenas

Qual a origem dos povos indígenas? Como foi o contato deles com os portugueses? E, depois, como foi o relacionamento dos colonizadores com eles ao longo dos séculos? E, em nossos dias, como é o relacionamento de nossa sociedade com eles? Veremos aqui apenas um breve resumo dessa história.

Embora não se tenham registros escritos sobre a chegada dos indígenas nas Américas, a hipótese mais aceita é de que eles vieram da

Ásia, possivelmente em várias ondas migratórias, numa época bem remota. Poderiam ter vindo pelo Estreito de Bering, um estreito entre o continente americano e o asiático, ligando o Oceano Ártico com o Pacífico e, também, através das ilhas do Pacífico. Pelas análises linguísticas e antropológicas feitas na atualidade, pode-se observar que não eram um povo só, mas vários, com línguas e culturas bem diferentes. Quando os portugueses chegaram aqui, em 1500, a estimativa é de que havia, só no Brasil, aproximadamente 5 milhões de pessoas, que pertenciam a mais ou menos 900 povos com línguas e culturas distintas. Os índios diminuíram em vez de aumentarem, visto que hoje a população é de aproximadamente 400 mil e o número de povos é de 258.

4.2. Registros Históricos

Os registros históricos nos contam que foram bem amigáveis os primeiros contatos dos portugueses com os tupiniquins, povo do grupo Tupi-Guarani, que habitava no litoral. No entanto, o contato amistoso durou poucos anos. Portugal mandou para cá novas embarcações com homens sem as suas famílias para explorarem a nova terra, dispostos a tudo para enriquecerem. Muitos eram criminosos que estavam cumprindo pena. Logo, a escravização dos povos indígenas começou. Muitos indígenas foram capturados para trabalharem nas roças dos colonizadores e outros foram levados à força para Portugal e vendidos como escravos. Houve trabalhos forçados, maus-tratos e doenças trazidas pelos colonizadores que dizimaram muitos povos indígenas brasileiros com suas línguas e culturas. Alguns povos conseguiram sobreviver com muita luta e sacrifício buscando refúgio nas florestas mais distantes.

Entretanto, com a expansão econômica, no decorrer dos séculos, as áreas isoladas onde viviam foram sendo tomadas. Já em nossos dias, as cidades, cada vez mais, estão chegando perto deles, e o contato tem sido inevitável. Muitas tribos tiveram suas terras demarcadas pelo governo, mas em muitos lugares essa demarcação não é respeitada, as reservas são invadidas. Há, também, tribos que ainda nem têm terras demarcadas. O desrespeito e a violência contra eles, o preconceito e a discriminação continuam até hoje. Com o desmatamento e a aproximação das cidades, as doenças aumentaram, o alimento diminuiu e a estrutura social foi afetada.

4.3. Situação dos Índios na Atualidade

Refletindo sobre tudo isso, os povos indígenas, hoje, estão buscando soluções. Estão, também, observando nossa sociedade, descobrindo outras possibilidades e recursos. Por isso, estão pedindo ao governo e a qualquer organização ou pessoa que os ajudem na defesa dos seus direitos e na preparação do próprio povo para resolver os problemas através da capacitação de professores, de profissionais de saúde e de desenvolvimento autossustentável, de administradores e de advogados.

Temos aqui uma grande oportunidade para "discipular as nações", através da identificação com o povo, com suas necessidades, atendendo o clamor deles. Especialmente diante das dificuldades atuais, com a perseguição que o Adversário tem levantado para impedir a pregação do Evangelho aos povos indígenas. Pessoas que atuam em órgãos do governo e que exercem autoridade direta sobre os indígenas, bem como pessoas que trabalham em organizações não governamentais, têm influenciado muito os meios de comunicação contra a evangelização dos indígenas brasileiros. Em algumas tribos, os missionários só podem entrar como profissionais da área da saúde, da educação ou de desenvolvimento autossustentável. Crentes indígenas têm sofrido pressões e perseguições. Ou seja, de forma explícita, tanto órgãos do governo como organizações não governamentais estão desrespeitando o Artigo XVIII da Declaração Universal dos Direitos do Homem, que diz: "Todo homem tem direito à liberdade de pensamento, consciência e religião; este direito inclui a liberdade de mudar de religião ou crença e liberdade de manifestar essa religião ou crença, pelo ensino, pela prática, pelo culto e pela observância, isolada ou coletivamente, em público ou em particular."

4.4. As Crenças

Quais as crenças deles? Os povos indígenas, como todos os povos da Ásia, da África, etc., têm normas morais dentro de sua própria crença e tradição. Ações como matar outra pessoa, roubar, adulterar, mentir e não ajudar o próximo são condenadas praticamente por todos os povos indígenas. Mesmo sem conhecer os Dez Mandamentos que Deus deu a Moisés, eles crêem e muitos agem conforme os Mandamentos de Deus. Falando sobre isso, referindo-se aos povos que não eram judeus, os gentios, Paulo explica: "*Estes mostram a norma da lei gravada no seu coração, testemunhando-lhes também a consciência e os seus pensamentos, mutuamente acusando-se ou defendo-se...*" (Rm 2:15).

Além disso, há também a tradição oral, isto é, a história falada de uma geração a outra. A história da criação, da separação de Deus por causa da desobediência, da promessa de um salvador que havia de vir, de julgamento (geralmente um dilúvio) e da Torre de Babel têm sido encontradas em muitas culturas. Esses fatos tiveram algumas modificações nos relatos dos pais aos filhos, ao longo do tempo, mas partes essenciais foram conservadas.

Por exemplo, em "A lenda das viagens para o céu", os Xerentes contam que, antigamente, eles subiam até ao céu para conversar com o Criador, Bdâ, e o companheiro dele, Wairê. Um dia Bdâ disse para eles que quando descessem do céu e fossem caminhando para casa, não olhassem para trás. Mas eles não obedeceram e, quando olharam, viram um grande mar separando o céu da terra e nunca mais puderam visitar o Criador (Matos, 2005).

4.5. Levando as Boas-Novas aos Povos Indígenas

Os povos indígenas já viviam aqui muito antes dos portugueses chegarem. Atualmente existem 258 povos indígenas no Brasil com costumes, tradições, crenças e línguas bem diferentes uns dos outros e com uma população total de, aproximadamente, 400 mil pessoas. Eles estão localizados em quase todos os estados brasileiros, mas a maior parte está nos estados da Região Norte.

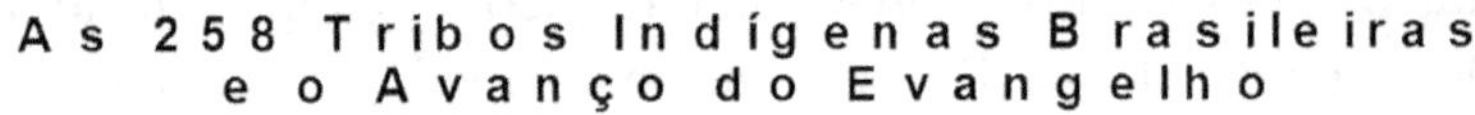

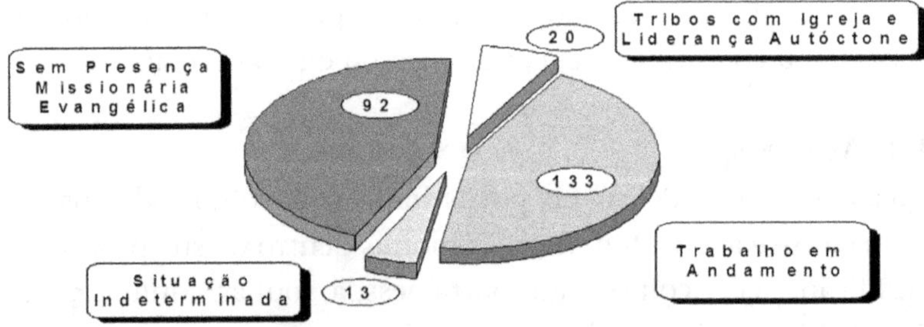

Fonte: www.sepal.org.br

Desses 258 povos, 166 têm a presença de missionários evangélicos entre eles. Desses 166 povos, 36 já têm o Novo Testamento traduzido para a sua língua e 5 povos têm a Bíblia toda. Muitos indígenas estão se convertendo a Jesus e igrejas estão sendo estabelecidas. Mas ainda restam 92 povos indígenas brasileiros sem a presença de missionários evangélicos entre eles. É necessário levar-lhes a Mensagem, mas para que a comunicação das Boas-Novas seja bem entendida, o missionário precisa de um preparo transcultural, precisa conhecer o jeito de falar e o jeito de pensar do povo, ou seja, sua língua, sua história e suas crenças.

4.6. As Tribos e a Tradução da Bíblia

Sabemos quantas tribos possuem a Bíblia completa traduzida em sua própria língua? Somente 5 tribos (A língua Wai-Wai é um tipo de linguagem entendida por 4 tribos). Existem 36 traduções do Novo Testamento, cada uma representa de 15 a 25 anos de trabalho de tradução.

Fonte: www.moravios.org

Hoje, há 28 tribos cujas traduções estão em andamento, ao passo que, 43, possivelmente foram cobertas. No entanto, 69 estão carentes do trabalho de tradução. Ainda precisa ser feita uma verificação, mas provavelmente a maioria precisa mesmo de pessoas dispostas a fazer essa tradução. E ainda existem 48 possivelmente carentes de uma versão ainda mais simples do que a "Bíblia na Linguagem de Hoje". A BLH usa o português padrão, mas há muita gente que não domina o suficiente, como os ribeirinhos do Amazonas (o pessoal da Jocum está trabalhando em um projeto especial para eles).

Há 5 tribos que possuem a Bíblia completa, que, na verdade, são 2 línguas, Guarani-Mbyá e Wai-Wai, mas o Wai-Wai é falado por 4 tribos, Katuena, Mawayana, Wai-Wai e Xereu. Sobre as 36 tribos que possuem Novo Testamento, na verdade são 32 línguas, mas o Tukano é falado por 4 tribos, Miriti, Pira-Tapuia, Siriano e Tukano, e o Nheengatu por 2, Baré e Warekena.

4.7. População Total das Tribos Indígenas

Uma boa notícia é que os indígenas brasileiros não foram dizimados, como muitos acreditavam. Em 1995, a população indígena somava em torno de 250.000, mas o último levantamento, finalizado no início de 2005, revelou que são 378.679. Mas esse dado revelador aumenta o desafio para a Igreja Brasileira.

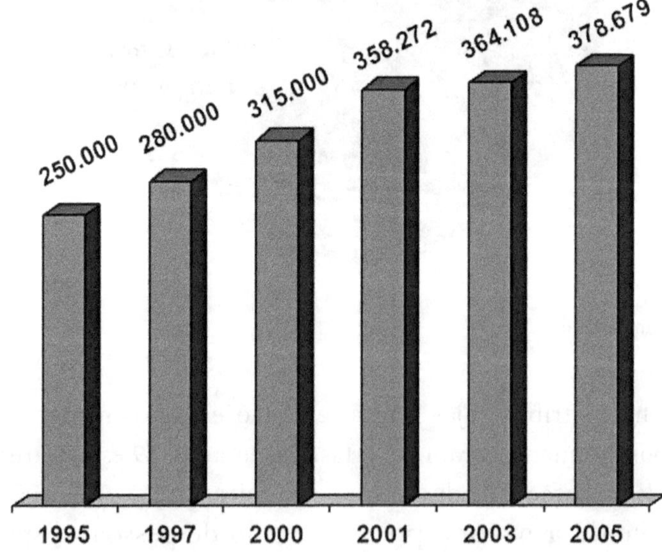

Fonte: www.sepal.org.br

Se por um lado não se treinavam nem se enviavam missionários acreditando que os indígenas brasileiros seriam extintos em um prazo não muito distante, por outro, ao sabermos que eles estão crescendo em número, podemos ver a obediência da Igreja ao seu Senhor enviando missionários que falem das Boas-Novas de salvação para esses povos.

Questão para Reflexão

O que as agências missionárias têm condições, e as igrejas locais têm dificuldade de fazer para o cumprimento da Grande Comissão em prol da evangelização dos índios? Como a chamada de Jesus, "segue-me", desafia os diversos aspectos do sistema de valores de nossas igrejas?

CAPÍTULO 5

Estudo de Caso – Tribo Jarawara

Conhecer sobre missões é uma necessidade atual e urgente, pois somos advertidos a cumprir o "ide" de maneira verdadeira e amorosa. Neste capítulo, estudaremos caso de missões com os índios, especificamente na tribo Jarawara, analisaremos os pontos importantes para conhecer sua cultura e verificaremos os objetivos e as lições que podemos aplicar na evangelização de outros índios.

5.1. O povo Jarawara

Muitos povos indígenas vivem hoje na região do Médio Purus, Estado do Amazonas. Cada povo tem a sua própria língua, costumes e tradições. Alguns têm suas aldeias às margens de grandes rios, outros vivem na mata, em lugares de difícil acesso. Dentre os povos da mata, há os que não têm aldeias fixas, não fazem roças e vivem da caça, pesca e coleta de frutas; e há os que abrem uma clareira na mata, constroem casas, fazem roças, caçam e pescam. Dentre estes estão os Jarawaras, que tiveram seus primeiros contatos com os "brancos" por volta de 1850. Esses "brancos" eram colonizadores, comerciantes, visando à exploração econômica. Pouco mais de um século, chegaram os missionários evangélicos em tribos próximas e, por fim, nas próprias aldeias Jarawaras (1986). Mais tarde surgiu a Igreja Jarawara.

O povo Jarawara, com população de 186 pessoas (2005), vive em seis pequenas aldeias, mais ou menos próximas umas das outras, na vasta área da floresta amazônica que pertence ao município de Lábrea. O povo Jarawara é um povo pacífico, evita confrontos e está sempre convidando as outras aldeias para fazerem festas. A principal das festas é a da puberdade, a festa da menina que se torna moça. Quando a menina tem sua primeira menstruação, ela é colocada em uma casinha bem pequena, chamada wawasa, construída pelo pai dentro da própria casa. Ela só pode sair para satisfazer as necessidades fisiológicas ou para o banho, sempre com a cabeça coberta por um pano porque nenhum homem pode ver o seu rosto descoberto. Crêem que se um homem olhar para ela, ele morrerá vomitando sangue. Essa reclusão poderá durar vários meses até que tudo fique pronto para a grande festa. A festa é realizada no período da lua cheia e dura, geralmente, cinco dias, com muita música, dança e comida. No último dia da festa, a menina é açoitada pelos homens. Antigamente, os homens batiam na menina com muita força ao ponto de sangrar, mas, recentemente, esse açoite tem sido quase simbólico. Depois dessa festa, a menina é considerada adulta e pronta para se casar.

Na religião tradicional dos Jarawaras, eles viviam sempre amedrontados pelos espíritos maus que os atacavam através de animais (principalmente cobras), violentavam mulheres, causavam doenças etc. Crêem que, após a morte, as pessoas passam por um caminho escuro e muito perigoso onde espíritos maus as atacam. Se a pessoa consegue escapar, vai para uma aldeia muito bonita onde moram os espíritos bons.

5.2. O contato com os exploradores

Os Jarawaras tiveram seu primeiro contato com os "brancos" por volta de 1850, quando foram tirados de suas aldeias à força para trabalharem como escravos em roças às margens do rio Purus. Mas eles e outros povos não se submeteram a isso, fugiram para a mata, indo para lugares onde os "brancos" não conseguiram achá-los. Contudo, alguns anos mais tarde, em 1870 aproximadamente, homens chegaram à Região Amazônica determinados a entrar na selva em busca da borracha.

Pequenas vilas foram formadas ao longo do rio Purus, tendo uma casa principal denominada barracão, onde morava o "patrão" (seringalista) e, ao redor, as casas dos seringueiros. Com o passar dos anos, a paz foi se estabelecendo com o domínio do "branco" usando um comércio injusto de trocas. Os indígenas aprenderam a extrair o látex da seringueira e, além dos outros produtos da mata que já traziam para os patrões (óleo de copaíba, peles de animais, castanha do Pará, etc.), passaram a trazer a borracha. Em troca, recebiam sal, roupas, sabão, querosene, panelas e cachaça, tudo com preços altíssimos. Em resumo, os povos indígenas ficavam sempre devendo aos patrões por mais que levassem produtos para eles.

Além da dominação e exploração, esses povos sofreram um impacto com as doenças trazidas pelos "brancos": sarampo, gripe, pneumonia, tuberculose e outras que causaram a morte de centenas deles e até extermínio de alguns povos.

À medida que o contato com os seringueiros foi aumentando, o povo Jarawara (como os outros povos indígenas) foi mudando alguns de seus costumes para serem mais aceitos por eles. A princípio foi a troca da tanga pelas roupas dos "brancos", depois tiveram que deixar de comer alguns alimentos, tais como preguiça e rato. Em seguida, o estilo da casa foi modificado: de uma só casa, redonda, bem grande, para diversas casas pequenas, modelo palafita - acima do nível do chão. Quanto aos utensílios, os Jarawaras apreciaram os facões, facas, espingardas, colheres, conchas e caldeirões por facilitar muito seus trabalhos diários.

5.3. O surgimento da Igreja Jarawara

Na década de 60, alguns povos vizinhos dos Jarawaras, os Jamamadi e os Paumari, receberam missionários. Quando os Jarawaras ficavam muito doentes, eles procuravam a ajuda desses missionários. Nas visitas aos Paumari, eles viram, além do atendimento de saúde e da escola, o preparo de professores e agentes de saúde que as missionárias Shiríey, Mary Ann e Meinke faziam. Nas visitas aos ribeirinhos (moradores das margens do rio Purus) e na cidade de Lábrea, eles observaram a importância dada à escola das crianças e adolescentes. Entenderam que se tivessem missionários em suas aldeias, eles teriam escola e atendimento na área de saúde e expressaram esse desejo para Shiríey.

5.4. O contato com os missionários

Bem longe do Amazonas, no Instituto Bíblico das Assembleias de Deus, em Pindamonhangaba, SP, Sandra Giani e Elizabeth Vencio souberam dessa necessidade e ouviram o chamado do Senhor para passarem cinco anos com um povo indígena do Amazonas, levando as Boas-

Novas do Evangelho e implantando um programa de alfabetização. Fizeram os cursos preparatórios e, como membros da missão JOCUM, partiram rumo ao Amazonas. Em agosto de 1986 chegaram a Água Branca, uma das aldeias Jarawaras. Nessa ocasião, a população total dos Jarawaras era de 134 pessoas, sendo que, na aldeia em que passaram a morar, havia apenas duas famílias, com um total de 15 pessoas. Eles as aceitaram bem, e elas ficaram morando com eles e começaram a estudar a língua Jarawara. Procuraram se identificar com eles participando das tarefas diárias das mulheres, principalmente fazendo farinha. Cada uma delas foi adotada por uma das famílias e receberam nomes Jarawaras: Sandra se tomou Amosamini e Elizabeth, Kaitiraha.

Deus tinha colocado em seus corações o propósito de iniciar a escola Jarawara usando o sistema "Um ensinando o outro", do missionário Frank Laubach, em que um pequeno grupo de adultos é alfabetizado e depois eles mesmos alfabetizam os outros. Mas, antes, ensinaram a matemática dos "brancos" para que eles logo pudessem se defender dos abusos dos comerciantes locais (os "patrões") e, enquanto isso, estudavam mais a língua deles para prepararem as cartilhas de alfabetização. Elas estavam nesse processo quando, nove meses após a chegada a Água Branca, chegou o casal de missionários Alan e Lucília Vogel, da Missão Wycliffe, para trabalhar na tradução da Bíblia para a língua Jarawara. Com a ajuda desse casal, foi decidido um alfabeto para a língua Jarawara que até então era ágrafa (não tinha escrita) e, em 1989, iniciou-se o programa de alfabetização em Água Branca.

Todavia, Lucília começou em Casa Nova, a aldeia onde moravam. Algum tempo depois, o sistema "Um ensinando o outro" se espalhou por todas as aldeias, através dos próprios Jarawaras. Em 2005, dos 112 jovens e adultos Jarawaras, 78 estavam alfabetizados, ou seja, 70%. E o mais importante é que, desses 78, os missionários só alfabetizaram 10 pessoas. Atualmente as crianças já estão sendo alfabetizadas por eles.

5.5. Dificuldades para explicar as Boas-Novas do Senhor Jesus

Em 1990, enquanto o programa de alfabetização estava se desenvolvendo, Sandra e Elizabeth estavam preocupadas com a dificuldade em explicar na língua Jarawara as Boas-Novas do Senhor Jesus. Já era o quarto ano morando com eles. Então o pajé de uma aldeia vizinha morreu. Depois que ele foi enterrado, muitas manifestações demoníacas começaram a acontecer, de forma crescente, durante o dia e à noite:

barulho de árvores caindo próximas às casas, mas nenhuma árvore caía de fato; os cachorros não paravam de latir e atacar seres que elas não conseguiam ver; a habitual opressão espiritual sobre a aldeia aumentou consideravelmente. O medo e depois o pânico dominou os Jarawaras. Eles falavam que o morto e os espíritos maus estavam andando pelas aldeias procurando alguém para matar. Diziam também que, depois de alguns dias, a alma do morto iria passar por aquele caminho escuro, tentando alcançar a aldeia dos espíritos bons. Sandra e Elizabeth estavam jejuando e orando, pedindo orientação de Deus sobre o que fazer. Sandra entendeu que deveria falar sobre o Caminho de Jesus, que era um Caminho cheio de luz, bonito e que os espíritos maus ficavam longe desse Caminho. Os Jarawaras ouviram com atenção.

5.6. Testemunhando de Cristo aos Jarawaras

Na aldeia havia uma mulher, chamada Bonita, que quando criança havia ficado muito doente e o pai a tinha levado para os missionários Robert e Bárbara Campbell, que viviam entre o povo Jamamadi, para que ficassem com ela. Eles a adotaram como filha, mas quando ela se tornou adolescente, com boa saúde, o pai a pediu de volta. Quando Bonita ouviu Sandra falando sobre Jesus, ela ficou muito interessada e trouxe outras mulheres com ela à casa das missionárias. Falou que quem chamava era Jesus.

Mais alguns dias se passaram e o pânico do povo foi aumentando. Então entenderam que precisavam ajudar o povo com uma ação direta contra aqueles demônios. Como o momento de maior medo era à noite, sob a orientação do Senhor, andaram pela aldeia cantando louvores a Jesus e expulsando aqueles espíritos demoníacos. Os Jarawaras haviam dito antes que ninguém poderia sobreviver se saísse de casa à noite. Quando, no dia seguinte, viram que os espíritos não puderam matá-las, entenderam que, realmente, Jesus era mesmo muito poderoso e quiseram saber mais sobre Ele. Sandra e Elizabeth contaram muitas das histórias da vida de Jesus para eles, mas com grande limitação na comunicação.

Contudo, o Senhor lhes tinha falado que o discipulado da Igreja Jarawara deveria ser feito por um casal e já estavam orando por eles. Os cinco anos terminaram, chegou o tempo de sair e a igreja Jarawara ainda não tinha aparecido. Mas o casal que Deus enviou apareceu na hora certa: Davi e Francisca Irving, também da JOCUM. David não era um estranho para os Jarawaras. Ainda solteiro, ele já estava na aldeia Água Branca, fazendo uma pista de pouso. Ele não sabia que, depois de casar, Deus iria chamá-lo, e à sua esposa, para o discipulado da Igreja Jarawara.

Alan Vogel, que estava na aldeia Casa Nova, depois de muito estudo da gramática da língua Jarawara, tinha começado a traduzir algumas histórias bíblicas. Muitos Jarawaras que já sabiam ler estavam lendo essas histórias e fazendo músicas relatando esses acontecimentos. Os próprios Jarawaras denominaram essas músicas de "músicas de Jesus".

5.7. A Evangelização do Pajé da Tribo

Davi e Francisca estudaram a língua Jarawara intensamente e começaram a fazer reuniões. Kará, o principal pajé da aldeia, ficava observando. Conforme Davi e Francisca relatam: "Kará não costumava vir às reuniões que fazíamos em nossa casa. Nestas reuniões nós louvávamos ao Senhor e ensinávamos a Palavra de Deus. Quando Kará aparecia, ele ficava meio desconfiado e se limitava a ficar na varanda de nossa casa, ouvindo e nos olhando através da tela. Ele tinha o costume de, nas noites escuras (sem lua), invocar os espíritos e cantar para eles. Isto ele fazia até quase ao amanhecer". A direção que sentiram de Deus foi de interceder por Kará para que Deus se revelasse a ele, além de verem, conforme mostram os versículos Mt. 12:43-45, o mal que fariam ao Kará se eles se precipitassem em expulsar os demônios dele sem que ele entendesse o plano de salvação e pudesse se entregar a Jesus. Precisavam também de mais tempo para aperfeiçoar os conhecimentos da língua Jarawara e entender melhor sua cultura. Enquanto isso, ficaram orando e pediram a pessoas nas igrejas e na base de JOCUM para orarem pela salvação de Kará e do povo Jarawara.

Um dia Kará saiu com sua espingarda para caçar e, estando na floresta, encontrou dois homens de branco que conversavam. Um deles se dirigiu ao Kará dizendo: "O que o estrangeiro (Davi) está ensinando a respeito de Jesus é verdade; olhe como é o caminho de Jesus!". E apontando para um caminho cheio de luz que partia do chão até o céu, esses dois homens subiram nele e desapareceram.

Depois dessa visão no mato, Kará voltou a invocar os espíritos, mas eles não quiseram mais se manifestar. Alguns meses mais tarde, Kará começou a sentir dor na garganta. Trouxeram-no para Porto Velho e foi diagnosticado que ele estava com câncer. Foi-lhe dado apenas um ano de vida. Quando voltou para a aldeia, Davi usava quase todas as tardes para ler para Kará os textos da Bíblia já traduzidos na língua Jarawara. Kará passou a se interessar pelos cultos; os Jarawaras passaram a se reunir mesmo na ausência de Davi para orar por Kará, louvar a Deus e contar os sonhos que eles tinham com Jesus.

Certo dia, na presença de Davi e de alguns Jarawaras, Kará entregou a sua vida a Jesus. Quando ele estava já para morrer, um pajé de outra aldeia foi visitá-lo e falou: "Kará, você sabe que vai morrer e vai ter que trilhar pelo caminho dos espíritos dos nossos ancestrais". Mas Kará replicou e disse: "Não, eu vou é pelo caminho de Jesus". Os missionários ficaram sabendo da visão de Kará com os anjos, após a sua morte; foi quando sua filha se lembrou de contar.

A Igreja Jarawara não ficou restrita à aldeia Água Branca. Em uma carta de Atihiwawawi para Davi e Francisca, em 24 de junho de 1997, ele escreveu: "Nós estamos falando com Deus, nós estamos orando por vocês."... "Já faz algum tempo que eu estive na aldeia de Nazaré, aldeia de Soricaba, e aldeia de São Francisco. Eu fui ensinar as coisas de Deus para o pessoal dessas aldeias. E ensinei em São Francisco por mais tempo. Minha filha Lúcia quase morreu de doença, mas agora ela está forte. Agora eu tenho dois filhos, a segunda é bem pequena e está na barriga da minha esposa (Amerira). Minha filha Lúcia sabe um pouco as coisas de Jesus. Ela não está andando ainda. Outro dia ela ficou muito doente e eu orei todos os dias por ela e agora ela já está boa. Vocês também orem por nós. Eu fui lá em Casa Nova, uma outra aldeia. Lá eu conversei com eles sobre Jesus. Eu disse para eles aceitarem Jesus. Bibiri, lá de Casa Nova, disse que ele queria Jesus aí eu falei para ele ensinar os outros sobre Jesus. E Bibiri está ensinando sobre Jesus para o pessoal da aldeia dele. Alguns da aldeia de São Francisco estão interessados em Jesus e eu quero ensiná-los".

5.8. O Primeiro Batismo da Igreja Jarawara

O primeiro batismo da Igreja Jarawara foi em 28 de julho de 1999 quando cinco pessoas foram batizadas pelos missionários Davi e Robert Campbell (missionário entre o povo Jamamadi). Robert Campbell batizou Bonita que, quando criança, havia sido adotada por ele e a esposa. Esse grupo de pessoas que foram batizadas tiveram um tempo de ensino específico sobre o batismo e Davi lhes explicou que quando outras pessoas quisessem ser batizadas elas seriam ensinadas e batizadas por eles mesmos. E assim tem sido. Em março de 2005, dos 137 jovens, adultos e idosos Jarawaras, 102 haviam sido batizados. Além desses, mais 22 já tinham aceitado Jesus, incluindo 5 crianças.

Atualmente, Alan Vogel já traduziu para a língua Jarawara as histórias da Criação, de Abraão, de Moisés, de Davi, dos Profetas e de Jesus. Traduziram também o Evangelho de Marcos e o livro de Atos dos Apóstolos. Além dos textos bíblicos, ele fez o dicionário Jarawara-Português e uma descrição de parte da gramática da língua Jarawara. David e Francisca, além do trabalho de discipulado, traduziram o livro de Jonas e a Primeira Carta aos Tessalonicenses. Traduziram também o filme Jesus que foi mostrado em 2005 em todas as aldeias Jarawaras tendo como resultado muitas conversões.

Podemos concluir que de tal maneira Deus amou o povo Jarawara que enviou até eles três equipes de missionários, para revelar-lhes, em áreas diferentes, o Seu amor e as Boas-Novas de salvação em Cristo Jesus.

5.9. Um Grande Desafio: A Evangelização dos ndios

Esses relatos mostram as crenças e os anseios do povo e indicam o caminho para uma comunicação compreensível do Evangelho, a salvação através de Jesus. Como diz Don Richardson; "... o Deus que preparou o evangelho para todos os povos, preparou também todos os povos para o evangelho...". Contudo, esses relatos precisam ser estudados na própria língua do povo. O que exige um preparo linguístico-antropológico, dentro da visão bíblica, na dependência do Espírito Santo, ou seja, um preparo especializado, após o curso bíblico, oferecido por algumas agências missionárias.

Segundo o missiólogo Lothar Käser (2004), poucos povos têm relato sobre um salvador que viria. A maioria só tem a informação de que algum tipo de desobediência os separou do Criador e que agora não há mais jeito. Assim, com muitos enganos, Satanás os mantém sob domínio, escravizados. Os espíritos malignos se apresentam a eles como donos da mata, das árvores, dos animais, dos rios, enfim, de tudo de que o povo precisa para sobreviver, e os oprimem. É importante observar, também, que os povos indígenas reconhecem, e discernem melhor do que nós, a existência e a atuação dos seres espirituais no dia a dia. Então, não é suficiente apresentar uma mensagem bem explicada do Evangelho. A autoridade de Jesus sobre os demônios precisa ser manifestada, assim como aconteceu com os apóstolos, no poder do Espírito Santo, conforme está escrito no livro de Atos.

Os povos indígenas, como todos os outros povos do mundo, precisam conhecer Jesus, o Salvador, Aquele que pode perdoar os seus pecados, reconciliá-los com o Criador e lhes dar a vida eterna. Essa mensagem não pode ser impedida de chegar até eles. Conforme Pedro e os demais apóstolos disseram àqueles que os proibiram de anunciar o Evangelho: "*Antes, importa obedecer a Deus do que aos homens*" (At.5:29). Portanto, nosso compromisso, como Igreja de Jesus, é obedecer ao mandamento dEle: "*Ide por todo o mundo e pregai o Evangelho a toda criatura*" (Mc 16:15), inclusive àqueles 92 novos indígenas brasileiros que ainda estão sem missionários.

Questão para Reflexão

Em sua opinião, que principais fatores devem ser estudados e compreendidos para que ocorra um evangelismo eficaz entre os índios? Que lições devemos aprender com as experiências dos missionários que deram origem à igreja da tribo dos Jarawaras?

UMA PERSPECTIVA ESTRATÉGICA DE MISSÕES

Tão milenar como as grandes religiões do mundo é o confronto existente entre elas. A humanidade já experimentou momentos dramáticos e épicos em defesa de diversos tipos de fé. São convicções e barreiras arraigadas que, mesmo com um olhar mais atento, apresentam-se como intransponíveis aos olhos de muitos pastores e missionários. Nesta unidade, estudaremos estratégias de Missões. Assim, no primeiro capítulo, abordaremos o quadro religioso do mundo (estatísticas e tabelas). No segundo, focaremos o desafio do Islamismo. No terceiro, mostraremos o desafio do Hinduísmo. No quarto, verificaremos o desafio do Budismo e, por último, no quinto capítulo, apresentaremos fatores e problemas enfrentados em missões nos tempos atuais..

CAPÍTULO 1

O Quadro Religioso do Mundo (estatísticas e tabelas)

Muitos podem equivocadamente imaginar que já se pregou o Evangelho o bastante ao redor do mundo. Pode-se chegar a essa errônea conclusão tendo por base, por exemplo, a proliferação do uso de meios de comunicação de massa no Evangelismo mundial. Então, com tal pensamento em mente, o ímpeto missionário tem diminuído, tragicamente, em cristãos e igrejas do mundo inteiro. Deus não pensa que Seu poderoso Evangelho já foi pregado o bastante. Nosso alcance geográfico-missionário pode ser parco, mas o mesmo não ocorre com o do Senhor Deus. Para o Senhor, conforme se vê nas Escrituras, o pensamento é: "*... até os confins da terra*" (Atos 1:8). E como resultado desse pensar amoroso de Deus nos é dito da profusão de povos que habitarão os céus (Apocalipse 7:9-12).

Nos grandes centros urbanos como São Paulo, Cidade do México, Buenos Aires, cidades norte-americanas entre outras, o Evangelho de Cristo tem alcançado as massas, mas podemos dizer o mesmo quanto às tribos indígenas brasileiras, por exemplo? Podemos dizer o mesmo a respeito das cidades do antigo bloco soviético? Ou, ainda, podemos dizer que a futurista Tóquio está evangelizada? E Sidney, na Austrália, Moscou, Joanesburgo, Pequim, Xangai, Istambul, Paris, Roma e Berlim? São cidades evangelizadas com o verdadeiro Evangelho de Deus? Missões Mundiais é uma tarefa a ser terminada e há muito a ser realizado.

Sabemos que os problemas, os confrontos com outras religiões poderão acontecer na evangelização, mas o nosso exemplo é Cristo, pois Ele nunca precisou usar a força para atrair multidões em suas jornadas. Dessa forma, fica claro que a principal solução é usar esse exemplo e partir para o diálogo. Amar o próximo, entender suas dificuldades e necessidades, para depois apresentar uma solução maior e melhor.

1.1. As Religiões Predominantes

As três maiores religiões do mundo são Cristianismo, Islamismo e Hinduísmo. Para cada uma dessas religiões, pode-se dizer o nome de um país em que essa religião é a predominante. Há 19 religiões principais no mundo, as quais têm 270 grandes subdivisões, e, incluindo os agrupamentos pequenos, há mais de 10.000 'religiões' distintas. O número de novas religiões cresce a cada ano. Considerando apenas as religiões mundiais principais, o quadro atual é o seguinte:

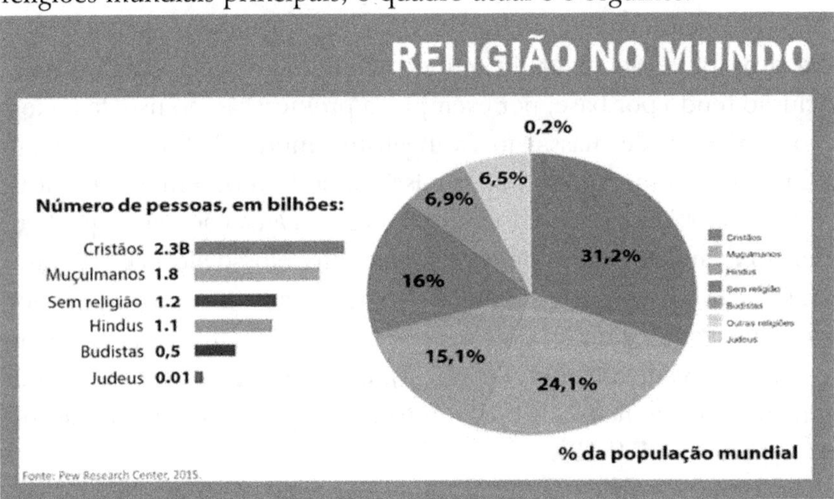

Fonte: www.hipercultura.com

O Cristianismo é a religião de 31% das pessoas do mundo. O Islamismo (24%) é a religião que mais cresce no mundo. O Hinduísmo (15%) domina na Índia, mas tem alcançado muitos no ocidente. Os "Não Religiosos" (16%) ainda representam alta porcentagem. O Budismo (6%) domina nos países asiáticos como Tailândia, Mianmar (Birmânia), Sri Lanka e Tibete. Os Tribais (3%, geralmente animistas) predominam nas selvas da América Latina, Indonésia e Filipinas.

1.2. As Religiões que mais crescem

O mundo não é estático. Grandes mudanças acontecem, às vezes repentinamente. Por exemplo, antigamente o grande centro do Cristianismo era o norte da África. Hoje, essa região não é mais o centro do Cristianismo. Atualmente, a religião predominante no Canadá é o Islamismo.

O número dos "não religiosos" é o que mais cresce no Brasil. A Líbia é um país muçulmano, mas a religião que mais cresce lá é o Cristianismo. A China é o país mais populoso do mundo, e a religião que mais cresce na China é o Cristianismo. Um ponto importante acontece entre os países da Bolívia, Paraguai e Chile: o Islamismo é a religião que mais cresce nesses três países. Como cristãos, não podemos ficar acomodados. Se estivermos mornos, como diz Ap. 3, as consequências podem ser sérias.

1.3. O Renascimento das Religiões Não Cristãs

Hoje, talvez pela primeira vez na história, o mundo todo está se tornando pluralista no tocante à religião. As diversas religiões já estiveram, de maneira geral, confinadas a áreas geográficas específicas. O Hinduísmo se sentia em casa na Índia; o Budismo, no leste e sudeste asiático; o Islamismo, no Oriente Médio, norte da África e Indonésia. Agora, há muçulmanos na Europa, budistas na Inglaterra e Alemanha e hinduístas nos Estados Unidos. O campo missionário é o mundo todo.

Além do mais, há uma crescente militância e mentalidade missionária nas religiões não cristãs, estimuladas em parte por uma reação às missões cristãs. Por exemplo, o Islamismo organizou um movimento missionário financiado com o dinheiro do petróleo e hoje está crescendo mais rapidamente que o Cristianismo. O Hinduísmo reformado está se espalhando rapidamente na Europa e o Budismo tem centros missionários na Alemanha e na Holanda. Os missionários cristãos não são mais os únicos a pregar nas ruas das cidades e nas aldeias rurais.

Juntamente com esse ressurgimento das religiões não cristãs, há uma estranha disseminação do secularismo entre as populações mais cultas do mundo. Isso representa um esquecimento das questões de preocupação fundamental e uma ênfase apenas nos aspectos desta vida.

1.4. O crescimento da população

O mundo do século XXI está sendo tomado por fortes mudanças

que estão alterando a face da terra e que também tem profundas implicações para missões no futuro.

A primeira mudança significativa é o crescimento populacional. Há 90 milhões a mais de pessoas no mundo hoje do que há um ano, 240.000 a mais que ontem, 10.400 agora do que há uma hora. Demorou de Adão até 1830 para que o mundo alcançasse uma população de um bilhão de pessoas. Levou mais outra centena de anos para que o segundo bilhão fosse acrescentado, trinta para o acréscimo do terceiro e quinze para o quarto bilhão, e atualmente a população mundial é mais do que o sexto bilhão de pessoas.

O impacto desse aumento está sendo sentido em todas as partes do mudo e em todas as áreas da vida humana. Especificamente em certas áreas geográficas, resultou em superpopulação, fome, doença, multidões e até mesmo guerras. Isso aumentou muito a tarefa missionária. A população mundial é seis vezes maior do que quando Wiliam Carey foi para a Índia, em 1793. Em números absolutos, há também mais não cristãos do que antes.

Outra mudança cultural é a urbanização. Nunca houve na história tamanha movimentação de massas que tenha causado mudança tão drástica no estilo de vida. Em 1800, 97% da população mundial viviam em fazendas ou em aldeias com populações com menos de cinco mil pessoas. Mas no início deste século, mais de 55% vivem em grandes cidades. As cidades do mundo ganham 133.600 novos moradores não cristãos a cada dia. Os motivos que trazem essa gente para a cidade são variados: seca, fome, terremoto, desastres naturais ou ecológicos; guerra, genocídio, situações políticas adversas; falta de perspectivas econômicas ou condições de sustentar uma família.

As cidades modernas oferecem um dos maiores desafios para as missões contemporâneas. Nelas se encontram pessoas que vão e vêm de todas as partes do mundo. Se Deus está no controle da história, então deve haver um propósito nesse movimento maciço de pessoas para os centros metropolitanos. Difundir o evangelho certamente faz parte desse objetivo.

1.5. Onde vivem os cristãos evangélicos

Os países que possuem mais de 10 milhões de crentes são EUA, Brasil, Nigéria e China. O governo comunista da China mandou que os missionários saíssem do país, aprisionou os pastores, mas o Espírito de Deus fez verdadeiros milagres como o crescimento da igreja chinesa, mesmo em meio à perseguição. Será que em nossas vidas dependemos demais das pessoas e não o suficiente do Senhor?

1.6. Porcentagem dos Cristãos Evangélicos

A mudança religiosa mais dramática do século XX foi o crescimento forte do Cristianismo na África, Ásia e América Latina contra o seu declínio na Europa e sua estagnação na América do Norte e no Pacífico. Hoje, essa tendência continua.

Quarenta anos atrás, a grande maioria dos cristãos vivia na Europa e na América do Norte. Hoje esse quadro se inverteu. A grande maioria dos cristãos vive na Ásia, África e na América Latina.

Nos últimos quarenta anos, o Espírito Santo tem atuado de forma especial em nossas latitudes. As sementes lançadas décadas atrás por irmãos nossos, que encararam a perseguição e até a morte, agora estão brotando e produzindo muitos frutos.

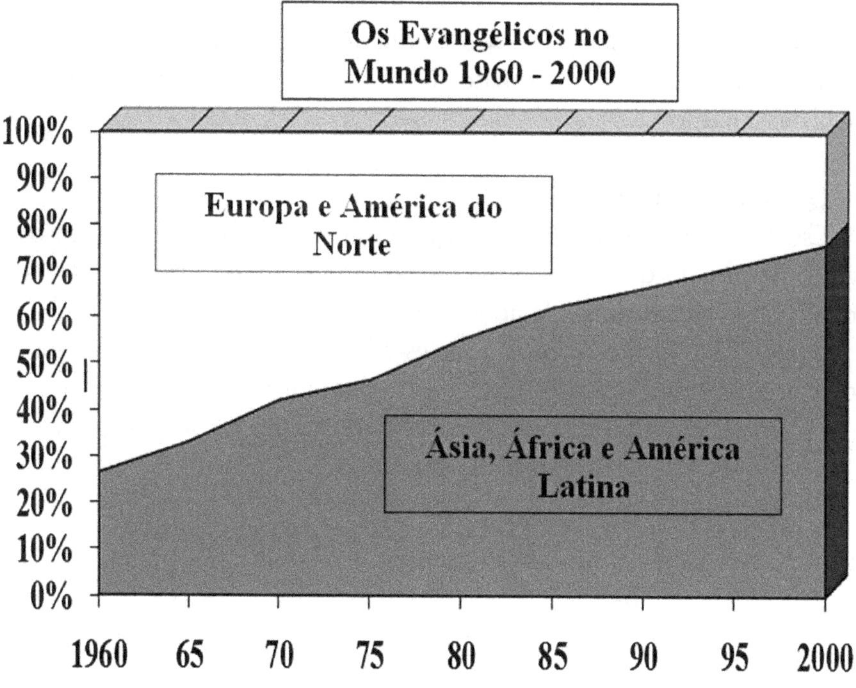

Fonte: www.sepal.org.br

Em alguns países, os evangélicos não são apenas numerosos, mas já atingiram uma grande porcentagem da população, sobre a qual exercem uma influência significativa. Os países com mais de 20% de evangélicos estão situados nos seguinte continentes: América do Norte: EUA; América Central: Guatemala; América do Sul: não há; África: Nigéria, República Centroafricana, Uganda, Ruanda, Quênia, Zâmbia, Zimbábue; Ásia: Papua Nova Guiné e Nova Zelândia.

1.7. Os países Que Mais Enviam Missionários

Antigamente, os países da Europa enviavam a maioria dos missionários. Depois, "passaram o bastão" para os EUA. Hoje, os EUA continuam sendo o país que mais envia missionários. Mas, surpreendentemente, na Ásia, a Índia envia muitos missionários dentro de seu próprio país (aos povos não alcançados dentro da Índia). Na Ásia, quem mais envia missionários fora de seu país é a Coréia do Sul. E, na América do Sul, o Brasil é o país que mais envia missionários evangélicos. No continente africano, há bastante fogo missionário na África do Sul, Nigéria, Zaire e Quênia. Hoje, o Espírito de Deus está soprando sobre os países mais ao sul da linha do Equador, países da Ásia, África e América Latina. Onde o Espírito move corações também desperta o zelo missionário.

Questão para Reflexão

Estamos numa época de mudanças e transições e onde está a pessoa que sabe para onde estamos indo ou o que acontecerá no mundo de missões e evangelização? E no seu coração, existe o desejo de levar a mensagem do evangelho para aqueles que nunca o ouviram? Se você fosse escolher um lugar do mundo para mandar um missionário, para que país você mandaria? Você estaria disposto a ser esse missionário?

CAPÍTULO 2

O Desafio do Islamismo

O Islamismo é a religião que mais cresce no mundo. Embora seja marcadamente étnico, identificado com os árabes, o Islamismo tem alcançado, pelas migrações, uma penetração crescente na Europa, o mais tradicional reduto cristão, e já é a segunda religião mais numerosa na Alemanha, na França e na Itália. O embate com o Islã traz embutida uma contradição incontornável. O Cristianismo vive hoje num ambiente da mais ampla liberdade religiosa, o que permite, por exemplo, que o Islã construa suas mesquitas em cidades do mundo todo. Mas os cristãos têm de disputar espaço com o Islamismo que exclui a vertente fundamentalista da religião criada por Maomé no século VII da era cristã. Neste capítulo, estudaremos o Islamismo, o fundamentalismo islâmico, os países muçulmanos, como propagar o Evangelho aos muçulmanos e, por fim, o uso do Alcorão.

2.1. O Islamismo

É uma religião monoteísta baseada nos ensinamentos de Maomé (570-632 d.C.), chamado "O Profeta", contidos no livro sagrado islâmico, o Corão. A palavra islã significa submeter e exprime a submissão à lei e à vontade de Alá. Seus seguidores são chamados de muçulmanos, aquele que segue a religião islâmica e que diria acerca de si próprio que se submete como um servo ou um escravo ao desejo de Alá, Deus. Essa é a base da reação fatalista que ele tem diante da vida.

O Islamismo crê que existe um só Deus verdadeiro, e seu nome é Alá. Alá não é um Deus pessoal, santo ou amoroso, pelo contrário, está distante e indiferente mesmo de seus adeptos. Suas ordens expressas no Corão são imperativas, injustas e cruéis. Segundo Maomé, ele é autor do bem e do mal. Num dos anais que descrevem as mensagens de Alá para Maomé, ele diz: "Lutem contra os judeus e matem-nos". Em outra parte diz: "Oh verdadeiros adoradores, não tenha os judeus ou cristãos como vossos amigos. Eles não podem ser confiados, eles são profanos e impuros".

Eles crêem que existe um só livro sagrado dado por Alá, o Corão, escrito em Árabe. Os muçulmanos crêem que Alá deu uma série de revelações, incluindo o Antigo e Novo Testamentos, que é chamado de Corão. Segundo eles, as antigas revelações de Alá na Bíblia foram corrompidas pelos cristãos e, por isso, não são de confiança, e afirmam que Maomé é o último e o mais importante dos profetas. Conforme o Islamismo, Alá enviou 124.000 profetas ao mundo, apesar de unicamente trinta estarem relacionados no Corão. Os seis principais foram: Profeta Adão, o escolhido de Alá; Profeta Noé, o pregador de Alá; Profeta Abraão, o amigo de Alá; Profeta Moisés, o porta-voz de Alá; Profeta Jesus, a palavra de Alá; Profeta Maomé, o apóstolo de Alá.

2.2. O Fundamentalismo Islâmico

O fundamentalismo islâmico não só é contra a liberdade de fé como é a favor da teocracia, do Estado religioso. A construção de qualquer templo que não seja uma mesquita é rigorosamente proibida nos países islâmicos. O Islamismo não se contrapõe apenas ao Cristianismo. Com o fim do comunismo, é hoje o único foco de resistência ao pensamento de livre mercado ocidental. Ao se fechar dentro da prática religiosa, procura impedir a destruição de sua identidade religiosa e nacional. Usa os dólares do petróleo e as armas que herdou da Guerra Fria, e se tornou forte o bastante para enfrentar o pensamento dominante da civilização cristã ocidental.

2.3. Países muçulmanos

O Islã se expande rapidamente em muitos países. O panorama religioso está mudando rapidamente. Antes da II Guerra Mundial, havia poucos muçulmanos na Europa Ocidental. Hoje a França possui estimadamente 2.704.800, a Alemanha 1.975.200, e o Reino Unido 1.241.100 muçulmanos. Nós poderíamos notar que a Alemanha é caso um tanto quanto especial. Com a reunificação alemã, a imigração muçulmana declinou consideravelmente enquanto os não religiosos estão crescendo muito rapidamente.

A população islâmica da Europa Ocidental é semelhante à população imigrante da América do Norte. Essa rápida expansão de novas religiões na Europa e América do Norte, na realidade, oferece grandes desafios tanto para as diminutas igrejas da Europa e para igrejas voltadas para si mesmas da América do Norte, como para o Islamismo firmar suas bases nesses continentes.

Para o Islamismo, é uma nova experiência, sob circunstâncias democráticas, tentar fundir muitos grupos étnicos e nacionalidades em uma comunidade religiosa. Para os cristãos, é o desafio de se relacionar de uma maneira cristã com um povo profundamente religioso, que antes era conhecido apenas a distância. Nos Estados Unidos, estão os dois milhões e meio de muçulmanos afroamericanos, cuja história é inteiramente única e distinta desses imigrantes muçulmanos.

Até agora, há poucos europeus, ingleses, canadenses ou americanos (outros que não afroamericanos) que se converteram ao Islamismo. Abrindo caminho, estão mulheres que se casaram com muçulmanos e se tornaram muçulmanas também. Mas, uma forte infraestrutura está começando a ser construída, incluindo a construção de caras mesquitas nas maiores cidades e perto de muitos campus universitários.

Além de uma forte e constante emigração (saída) das problemáticas nações muçulmanas (Afeganistão, Argélia, Bangladesh, Bósnia, Índia, Indonésia, Irã, Líbia, Paquistão, Palestina e Somália), famílias muçulmanas tendem a ter mais crianças do que as famílias cristãs. Esse crescimento está particularmente evidente na África e Ásia, mas também afeta as estatísticas em qualquer outro lugar.

Esses fatores, juntos, dão a impressão de um rápido crescimento e geram a idéia de que o Islamismo é a religião que mais cresce no mundo. Oremos para que os cristãos no Ocidente possam receber os muçulmanos com mais amor do que medo.

Segundo as estatísticas, existem 1,57 bilhão de muçulmanos no mundo, este número representa 23% da população global, 6,8 bilhões de pessoas. Os países, onde a maioria é muçulmana, destacam-se pela intolerância. Reconhecemos, como nunca antes, que existe outra grande divisão no mundo: os países muçulmanos (há 39 deles) e os países não muçulmanos.

2.3.1. Principais povos muçulmanos não alcançados

A maioria dos cristãos vê o Islamismo como uma grande, única, monolítica e impenetrável entidade religiosa, contando com 1,57 bilhão de pessoas e representando um quarto da população da terra. Ao contrário, ele é fragmentado em uma multidão de grupos étnicos, cada um falando sua própria língua e tendo suas próprias e distintas culturas. Em muitos casos, o Islamismo e a cultura local se tornaram tão entrelaçados que o povo tem dificuldade em separar sua própria cultura do Islamismo, e vice-versa.

Uma questão interessante é verificar como muitos desses povos veem a si mesmos. Uns se consideram primeiro árabes e depois muçulmanos, outros acreditam serem muçulmanos e depois árabes, enquanto outros não fazem distinção, porque ser árabe é ser muçulmano e ser muçulmano é ser árabe, faz parte de sua identidade total. Por causa da forte integração de tribo, raça e religião, não é fácil para alguém mudar sua orientação religiosa. Ao fazer isso, é como se rebelar contra seu próprio povo, sua identidade e sua cultura. Devemos orar para que o Evangelho possa estar presente de tal maneira que o povo dessas culturas possa ser capaz de entendê-lo e aceitá-lo, não comprometendo sua mensagem.

Quando analisamos esses países da perspectiva de missões, verificamos o seguinte:

- A maioria dos não alcançados vive em países pobres;
- A maioria dos não alcançados vive em países que não dão visto missionário (não permitem a entrada de missionários);
- A maioria dos não alcançados vive em países dominados por religiões hostis ao Evangelho;
- Apesar do sofrimento e perseguição, a igreja tem se fortalecido em vários países muçulmanos.

2.3.2. Lista dos países onde mais de 50% da população são muçulmanos

Afeganistão - 99%	Eritreia - 50%	Líbia - 97%	Senegal - 92%
Albânia - 70%	Emirados Árabes 96%	Malásia - 54%	Serra Leoa - 60%s
Arábia Saudita - 98,8%	Gâmbia - 95%	Maldivas - 100%	Síria - 86%
Argélia - 99,9%	Guiné - 86%	Mali - 90%	Somália - 99,9%
Azerbaijão - 93,3%	Iêmen - 99,9%	Marrocos - 98,7%	Sudão - 72%
Bangladesh - 88,3%	Indonésia - 87,2%	Mauritânia - 99,5%	Tadjiquistão - 100%
Bahrain - 81,7%	(Irã)- 99,1%	Níger - 89%	Tunísia - 99,4%
Brunei - 67,2%	Iraque - 97%	Nigéria - 50%	Turquia - 99,8%
Chade - 54%	Jordânia 0,92%	Paquistão - 95%	Turcomequistão - 100%
Djibuti - 97,2%	Kuweit - 85%	Qatar - 95 %	Usbequistão - 88%
Egito - 91,1%	Líbano - 55,5%	Quirquistão - 70%	

Assim como havia diferentes tipos de terrenos nas parábolas de Jesus, da mesma forma é provável que encontremos muitos diferentes tipos de povos muçulmanos. Infelizmente, algumas pessoas tratam todo o mundo muçulmano como se fosse um único tipo de solo e, de modo errado, tentam usar um único método de evangelização para alcançar os muçulmanos. Muitos que estão envolvidos em um ministério junto aos muçulmanos podem testemunhar que o mundo islâmico não é feito de um único tipo de terreno.

O que é importante destacar é que podemos encontrar pessoas receptivas (bom solo) até mesmo na mais populosa nação muçulmana do mundo. Isso não significa que devamos ignorar os segmentos da população que não demonstram receptividade. Mas quer dizer que devemos investir maiores esforços no terreno fértil e encorajar nossos convertidos, que compreendem as razões para a resistência ao evangelho, a evangelizarem as regiões menos receptivas. Mas, ao mesmo tempo, devemos experimentar novas estratégias de evangelização.

2.4. A expansão do Islã

Os muçulmanos estão frequentemente relembrando os cristãos das Cruzadas, acusando a Igreja de levantar armas contra o Islamismo, quase como se o esforço para recuperar a Terra Santa tivesse acontecido ontem. Olhando para a história, vemos que foram os muçulmanos que primeiramente levantaram a espada contra os cristãos. A conquista da cidade de Maomé, Meca (630 a.D.), preparou o cenário para seu segundo sucessor, Omar, se projetar explosivamente da atual Arábia Saudita rumo ao norte. Eles conquistaram Jerusalém, Damasco e Egito, movendo-se decisivamente e atravessando o Norte da África "Cristão" através da Espanha para os limites da França - tudo em menos de 100 anos. De todo esse território, somente a Espanha foi resgatada para o Cristianismo.

Depois da conquista inicial de muitos territórios "cristãos", o Islamismo avançou tomando um rumo mais pacífico e movendo-se quietamente ao longo de rotas de comércio longamente estabelecidas. Mesmo assim, utilizaram a guerra santa ("jihad") para aprofundar suas raízes em muitas partes do Oeste da África – as chamadas "Jihads Fulanis".

Agora o Islamismo está em movimento novamente. Um novo impulso na expansão começou justamente antes e durante a Reforma. Os muçulmanos otomanos tomaram Constantinopla em 1453. Desde esse período e no tempo de Lutero, Calvino e Zwinglio, o Islamismo estava alcançando várias fronteiras européias, como Viena. Toda essa atividade militar manteve a força armada do Sacro Império Romano ocupada, enquanto a Reforma se expandia quietamente na Alemanha, França e Suíça. No processo, novos territórios entraram debaixo da jurisdição islâmica: Albânia, Bulgária, Bósnia, Hungria, Macedônia e Romênia.

A Hungria caiu sob o domínio islâmico em 1526, o mesmo ano que a Dinastia Mughal Islâmica estabeleceu governo em Delhi, na Índia. O poder muçulmano veio para controlar Sumatra e Java em 1550, e Zanzibar em 1652. Depois da colonização da África, o Islamismo experimentou um significante crescimento através do continente, geralmente através de meios pacíficos, expandindo-se rapidamente depois de 1880.

Mais tarde, o movimento islâmico teve uma natureza diferente. Grandes migrações de muçulmanos começaram a se mudar para a Europa seguindo a II Guerra Mundial e a gradativa erosão do colonialismo. O grande surto de guerras tribais e, mais recentemente, o fenômeno da "limpeza étnica", têm deslocado milhões de pessoas, um grande número desses imigrantes desarraigados sendo muçulmanos, procurando por uma vida melhor do que a que seu país tem a oferecer. Eles encontram abrigo sob as democracias da Austrália, Europa, América do Norte e Reino Unido. Sua migração é constante e bastante grande.

2.4.1. Distribuição de muçulmanos

Na maioria das terras onde a população muçulmana está maciçamente concentrada, a Igreja é fraca, ou quase inexistente. Em terras que antigamente eram "cristãs", como Egito, Iraque, Jordânia, Líbano, Palestina e Síria, a Igreja está encolhendo rapidamente. Em algumas terras "cristãs" do passado, como Argélia, Líbia, Marrocos, Sudão do Norte e Turquia, antigas igrejas têm quase, se não totalmente, desaparecido sob as severas regras do Islamismo. Em lugares como Indonésia, Malásia e Nigéria, há uma tensão constante entre cristãos e muçulmanos.

2.4.2. Concentração de muçulmanos e cristãos Africanos

A Igreja Cristã está crescendo a passos largos no Sub-Sahara Africano, mas está rapidamente encolhendo na terra que acolheu nosso Salvador, quando Sua vida estava em perigo na infância. Infelizmente, muitas áreas do Sub-Sahara são também áreas de sérios conflitos. Enquanto a política, a economia, a etnia e a estratificação social têm um importante papel nos conflitos, fortes elementos religiosos entram no quadro para, dramaticamente, complicar cada situação.

A tensão entre duas dessas nações – uma com maior território no Sub-Sahara (Sudão), e a outra, a mais populosa nação da África (Nigéria) – cresce por causa dos esforços islâmicos para impor a Lei Shari'a ao povo. Cada uma dessas imposições levanta perturbadoras questões sobre como os grupos religiosos minoritários se encaixam quando a Lei Islâmica se torna a lei dessas terras. O histórico do Islamismo quanto ao tratamento dado às minorias, sob a perspectiva dos direitos humanos, não é muito boa. De fato, parece que as minorias foram mais bem tratadas por governantes muçulmanos do passado do que têm sido nos tempos modernos.

A Igreja também está crescendo rapidamente na África. Os cristãos, motivados pela Grande Comissão, têm como principal objetivo quebrar a ignorância islâmica, no esforço de fazer Jesus conhecido como Ele realmente é: crucificado e ressurreto, que voltará Salvador de todos!

2.4.3. Distribuição de muçulmanos sunitas e xiitas

O Irã é o maior centro do Islamismo Xiita no mundo. Sua população islâmica está estimada em 62.818.000 (99%). Fora do Irã, menores populações xiitas residem no leste do Iraque, Arábia Saudita e Líbano.

A maioria dos muçulmanos sunitas olha para o Islamismo xiita como uma perversão do Islamismo - isso porque os xiitas acreditam que uma voz de liderança inspirada, ou declarações (como a que Aga Khan no Islamismo Ismaili, ou Aiatolá Khomeini, antigas leis do Irã), estão acima da voz do Corão.

Muitos xiitas emigraram de seus países de origem para o oeste, alguns até para o Japão. É importante para aqueles que testemunham da ressurreição do Senhor Jesus entre os muçulmanos que conheçam aqueles com quem estão lidando – seja sunni ou xiita. É até mais importante, entretanto, que eles os reconheçam e os encontrem em seu contexto linguístico e cultural.

2.4.4. Índia: Terceira maior população muçulmana dos países do mundo

Se a Índia não fosse subdividida em três nações (Bangladesh, Índia e Paquistão), seria o maior país muçulmano do mundo. Como a Índia superou Bangladesh, e logo ultrapassará o Paquistão, para tornar-se a segunda maior população islâmica, depois da Indonésia. Essa distinção é ainda mais singular quando se observa que o Islamismo é uma religião minoritária na Índia (estima-se 12% da população).

Comparando a população cristã com o Islamismo, podemos ver como o desafio repousa sobre poucos (em comparação) cristãos no país. Cristãos indianos podem se beneficiar, e já formaram parcerias e ministérios fora da Índia. Oremos para que mais indianos alcancem os seus vizinhos muçulmanos e por mais parcerias, que poderão acelerar o trabalho.

2.5. A propagação do Evangelho aos muçulmanos

Atualmente, em qualquer tentativa de evangelizar os muçulmanos, não podemos ter permissão para cometer alguns erros. Um dos nossos maiores erros foi o de não levarmos em conta fatores culturais, linguísticos, étnicos e sociológicos que permeiam cada povo. Também não podemos ter preconceitos antigos e errados contra o mundo muçulmano.

Entretanto, o mundo islâmico tem sofrido as influências secularizadoras do ocidente. No passado, o domínio por parte do ocidente dos países muçulmanos, hoje independentes, não ajudou a missão cristã, mas chegou a transmitir ideias e valores ocidentais a toda uma geração da elite muçulmana.

Ao testemunhar para 1,57 bilhão muçulmanos na terra, os cristãos ocidentais precisam contornar vários obstáculos e barreiras culturais. A maioria dos cristãos com paixão pela grande missão deseja sinceramente alcançar seus amigos, vizinhos e colegas muçulmanos. Algumas prescrições simples podem ajudar os cristãos a evitar erros e a testemunhar aos muçulmanos com maior eficácia. Insultar os muçulmanos ou fazer com que sejam humilhados diante de suas famílias atrapalhará irrevogavelmente a construção de relacionamentos mais profundos. A sensibilidade cultural possibilita aos cristãos conquistarem o ouvido dos muçulmanos.

2.5.1. O Uso do Alcorão

Para a evangelização dos muçulmanos, é de importância examinar as Escrituras e estudar o que ela revela a respeito de outros povos quando se leva em conta as diferenças culturais. A abordagem de Jesus é sugestiva. Ele não veio pregar o Judaísmo nem veio pregar a salvação através da Lei. Mesmo assim, Ele nunca atacou a Lei. Ao contrário, mostra aos judeus que a Lei estava, na verdade, apontando para Ele mesmo.

Será que existe um modo parecido para usarmos o Alcorão com os muçulmanos? Não desejamos colocar o Alcorão em pé de igualdade com o Antigo Testamento, mas queremos fazer uma analogia. A grande maioria dos muçulmanos acredita que o Alcorão é a palavra direta de Deus. O Alcorão possui versos a respeito de Jesus. Esses relatos acerca de Jesus O exaltam e O glorificam de uma maneira que nas páginas do Alcorão podemos ver Jesus como o maior dos profetas e como alguém que está próximo de Deus de um modo bem especial. Não de pode chamar isso de "O Evangelho segundo o Alcorão", mas de qualquer maneira oferece ao cristão uma oportunidade de falar de Cristo aos muçulmanos. No Alcorão, Jesus é chamado de "o verbo de Deus" e também de "o espírito de Deus". Também são mencionados Seus milagres e curas miraculosas. Creio que o Alcorão pode ser usado para trazer os muçulmanos aos pés de Jesus. A grande maioria dos convertidos do Islamismo afirma que o Deus que eles conheciam a distância através do Alcorão, é conhecido agora de modo completo em Jesus Cristo.

Motivos de orações para os povos muçulmanos:

Oremos diariamente pelos cristãos que vivem sob a lei do Islamismo. Oremos por suas igrejas para que possam captar a visão para evangelizar os vizinhos muçulmanos, a despeito de um grande perigo em compartilhar sua fé. Oremos por suas famílias, para que possam ser verdadeiros núcleos do amor expansivo nas comunidades onde eles vivem. Oremos para que os cristãos nesses países sejam ministros da reconciliação entre muçulmanos, cristãos e Deus. Oremos por conhecimento cultural e sensibilidade para esses obreiros.

Questão para Reflexão

Você já parou para pensar em que estado você se encontraria se sua posição fosse trocada pela de um muçulmano? Quais os fatores mais convincentes que nos levam a crer que devemos evangelizar os muçulmanos? Qual a estratégia que podemos usar para a evangelização dos muçulmanos, tendo em vista a obediência ao comando do Senhor Jesus para levar o evangelho a toda criatura?

CAPÍTULO 3

O Desafio do Hinduísmo

Os hindus acreditam e adoram vários deuses (politeísmo), dentre eles destacam-se Brahma (criador), Shiva (destruidor) e Vishnu (protetor). Acreditam também nas reencarnações regidas pelos carmas. Para os hinduístas, após a morte de uma pessoa, a alma renasce numa nova pessoa ou até mesmo num animal. Alguns animais são reverenciados no país, dentre eles a vaca, considerada sagrada pelos indianos. Para eles, as vacas são símbolos de caridade e generosidade, pois elas suprem todas as necessidades humanas.

A Índia é tida como um dos países mais místicos do mundo. O cheiro de incenso, misturado com os odores exóticos dos temperos e comidas vendidos a céu aberto, e rituais e modo de vida milenares estão presentes por todo o país.

Um dos mais conhecidos pontos históricos da Índia, é o Taj Mahal, monumento feito com mármore branco e ricamente decorado com pedras preciosas, construído entre 1631 e 1648, na época do imperador mongol Sha Jahan, o qual serve de túmulo para sua amada Arjumand Banu Bagam. Neste capítulo, estudaremos sobre o Hinduísmo e sua história, os desafios para alcançar a Índia, as línguas e dialetos, as religiões da Índia e, finalizando, o testemunhando de Cristo aos hindus e os desafios da evangelização na Índia.

3.1. Hinduísmo

Denominação do conjunto de princípios, doutrinas e práticas religiosas que surgiram na Índia, a partir de 2000 a.C. O termo é ocidental e conhecido pelos seguidores como Sanatana Dharma, do sânscrito (língua original da Índia), que significa "a ordem permanente". Está fundamentado nos quatro livros dos Vedas (conhecimento), um conjunto de textos sagrados compostos de hinos e ritos, no Século X, denominados de Rigveda, Samaveda, Yajurveda e Artharvaveda. Esses quatro volumes são divididos em duas partes: a porção do trabalho (rituais politeístas) e a porção do conhecimento (especulações filosóficas), também chamada de Vedanta. A tradição védica surgiu com os primeiros árias, povo de origem indo-europeia (os mesmos que desenvolveram a cultura grega) que se estabeleceram nos vales dos rios Indo e Ganges, por volta de 1500 a.C.

3.2. História do Hinduísmo

Segundo ensina o Hinduísmo, os Vedas contêm as verdades eternas reveladas pelos deuses e a ordem (dharma) que rege os seres e as coisas, organizando-os em castas. Cada casta possui seus próprios direitos e deveres espirituais e sociais. A posição do homem em determinada casta é definida pelo seu carma (conjunto de suas ações em vidas anteriores). A casta à qual pertence um indivíduo indica o seu status espiritual. O objetivo é superar o ciclo de reencarnações (samsara), atingindo assim, o nirvana, a sabedoria resultante do conhecimento de si mesmo e de todo o Universo. O caminho para o nirvana, segundo ensina o Hinduísmo, passa pelo ascetismo (doutrina que desvaloriza os aspectos corpóreos e sensíveis do homem), pelas práticas religiosas, pelas orações e pela ioga. Assim a pessoa alcança a "salvação", escapando dos ciclos da reencarnação.

3.3. Alcançando a Índia

A Índia, no sul da Ásia, com uma população de 1,1 bilhão (2005), é o segundo país mais populoso do mundo, vivendo em 2,4% da superfície terrestre. A previsão para o ano de 2020 é de a Índia ultrapassar a China como sendo o país mais populoso do mundo. Apenas 2% da população é cristã. 75% da população (600 milhões) vivem na pobreza, metade dessa porcentagem vive em estado de indigência (300 milhões de pessoas). As estimativas falam entre 650 milhões e 750 milhões de adeptos dessa religião no mundo.

Os sistemas de castas (aproximadamente 6.400 castas), as diversas raças e as mais de 1.600 línguas tornam a Índia o país com mais grupos de povos não alcançados do mundo, do qual é o maior país hindu. O índice oficial de alfabetização é de 62%, mas só 15% conseguem ler e escrever de forma efetiva. Em alguns estados, chega a 90% o número de mulheres analfabetas. É o resultado do decreto dado por Manu, o grande doador de lei brâmane, em 200 a.C., que dizia que os "chandala" não poderiam aprender a ler nem a escrever. Essa interdição religiosa foi seguida meticulosamente por 2.000 anos. Hoje a Índia é um dos países com o mais alto índice de analfabetos do mundo.

Anualmente, aproximadamente cinco milhões de pessoas emigram das aldeias para as cidades em busca de emprego. Há 20 metrópoles na Índia. Bombaim, Calcutá, Chennai (antiga Madras) e Delhi estão entre as maiores 25 aglomerações urbanas mundiais. 1/3 da sua população mora em favelas e muitos vivem nas ruas. Há 92 cidades maiores e 700.000 aldeias. Pouca evangelização é feita nas cidades devido às castas superiores com suas barreiras. Há 600.000 aldeias que ainda não ouviram falar de Jesus.

3.3.1. Índia: um País Hinduísta

Atualmente 80% (oficialmente) da população da Índia é hindu, uma religião sincretista que absorve qualquer outra. É a origem da crença do karma (lei de ação e reação na vida, "você colhe o que semeia", que gera reencarnações). É idólatra, com 33 milhões de deuses e 200 milhões de vacas sagradas. O hinduísmo está em alta com o Partido Bharatiya Janatha que propaga "a Índia somente para os hindus". No entanto, conseguiu implantar em alguns estados a lei contra a conversão religiosa e a que aboliu os privilégios dos "harijans", castas programadas quando se convertem ao Cristianismo.

Hoje 12% da população é muçulmana e está crescendo entre as castas programadas (os intocáveis). A maioria vive em Jammu e Kashmir, que está num movimento separatista do governo da Índia.

3.3.2. Os territórios na Índia

A Índia é composta de sete territórios, 25 estados e centenas de distritos. Após 200 anos de missões, iniciados por Guilherme Carey, os cristãos indianos com orgulho afirmam que o início da evangelização começou com o Apóstolo Tomé, discípulo de Jesus, no Estado de Kerala, atualmente 2,6% é cristão.

A maioria dos cristãos se encontra nos Estados de Kerala e Tamil Nadu, no sul da Índia, e desde o final do século passado em Nagaland, Mizoram e Manipur, no nordeste. Tem havido também movimento popular como em tribos em Andhara Pradesh.

3.4. Línguas e dialetos na Índia

Há 1.652 línguas e dialetos falados na Índia. As 15 línguas mais faladas são reconhecidas pelo governo como línguas nacionais, além de hindi e inglês (língua legal). Isso significa que ser missionário implica ter que aprender algumas dessas línguas. Da Bíblia, só o Novo Testamento, ou porções dela, está disponível em menos de 150 línguas. Há no mínimo a necessidade de traduzir a Bíblia as 250 línguas mais faladas por mais de 100.000 pessoas cada uma. Muitas línguas não têm escrita, por isso as missões têm que colocar por escrito as Sagradas Escrituras e alfabetizar os povos antes de traduzir.

De acordo com uma tradutora da Bíblia trabalhando entre a tribo Dhurioa em Bastar, Estado de Madhya Pradesh, ela necessitará de, com dois colegas tradutores, 25 anos para colocar a língua para a escrita e depois traduzir a Bíblia para esta língua. Com 1.652 línguas faladas na Índia, é importante ver quais são as línguas mais faladas pelos cristãos para verificar o alcance natural no meio de cada grupo linguístico. Em muitos casos, a evangelização na Índia significará missões transculturais, atravessando a barreira linguística, além da cultural.

3.5. As Religiões da Índia

O país foi berço de algumas religiões mundiais: Hinduísmo, Budismo, Jainismo e Sikhismo. O Hinduísmo é sincretista, absorvendo as outras crenças. O Hinduísmo intelectual é filosófico e místico, atraindo os ocidentais e é a "mãe" das crenças principais da Nova Era. O Hinduísmo popular adora 33 milhões de deuses. A vaca é animal sagrado por ter sido encarnação de deus. Existe lei para proibir o abate das vacas. Os conceitos de karma, maya, energia cósmica (Brahman), avatar, yoga, mandala e outros vêm do Hinduísmo. Os rios são sagrados. Os deuses mais cultuados são Shiva, Krishna, Brahma, Ganesha e deusas Kali e Durga. Creem na reencarnação.

Os sikhs em Punjalo são influentes na economia. Os cristãos evangélicos são quase 2,6%, apesar de mais de 200 anos de missões na Índia.

3.6. Países com maior número de adeptos do Hinduísmo

A Índia, a Ilha Maurícia e o Nepal, assim como a Ilha Indonésia de Bali, têm como religião predominante o Hinduísmo. Abaixo, apresentamos uma tabela com importantes países e adeptos do Hinduísmo.

Bangladesch - 11 milhões	Malásia - 1,1 milhão
Myanmar - 7,1 milhões	Canadá - 1 milhão
Sri Lanka - 2,5 milhões	Ilhas Fiji - 500 mil
Estados Unidos - 2,5 milhões	Trinidad e Tobago - 500 mil
Paquistão - 4,3 milhões	Guiana - 400 mil
África do Sul - 1,2 milhões	Holanda - 400 mil
Reino Unido - 1,5 milhão	Cingapura - 300 mil

3.7. Testemunhando de Cristo aos Hindus

A Índia figura entre os países que mais carecem da pregação do Evangelho, dado o enorme número de pessoas que ainda não tiveram oportunidade de ouvir as Boas-Novas de Jesus. A tolerância religiosa defendida pelo Hinduísmo, de certa maneira nos facilita a evangelização dos hindus, que facilmente aceitam a Jesus, pois Ele representa apenas mais um deus no seu panteão de 33 milhões de deuses. O que se torna árduo na nossa tarefa é conduzi-los à compreensão de que Jesus Cristo é o Único Deus verdadeiro! E esse trabalho demanda tempo, sabedoria, unção, paciência e muito amor.

No ano de 1970, havia 5.768 missionários estrangeiros na Índia. Devido à lei promulgada que proíbe a entrada de missionários para evangelização, atualmente há aproximadamente 1.000 apenas. Ao mesmo tempo, as igrejas indianas sentiram a necessidade de executar a tarefa; de 420 missionários indígenas em 1973, hoje há mais de 44.000 missionários, sendo aproximadamente 60% transculturais (trabalham em outros grupos de povos dentro da Índia) e 440 missões nativas. Porém, com uma população de 1,1 bilhão de pessoas ainda é muito pouco.

Nós somos os responsáveis por essa geração, portanto não podemos ficar olhando os desafios, mas devemos prosseguir, ir em frente e vencê-los em nome de Jesus. Missões é o mais ousado projeto de vida do cristão, mas também é o mais recompensador! A recompensa é poder contemplar as almas, outrora tão longe e distante de Deus, vindo aos pés da Cruz.

Sempre podemos fazer algo mais pela obra missionária. Com certeza, todos podem fazer uma coisa: orar mais por ela. Quero convidá-lo e incentivá-lo a continuar orando pela Índia. Lembre-se de que: "A história da Índia será mudada, mas será através da pregação da Palavra de Deus e no poder do Espírito Santo e você, através da oração, é um instrumento que Deus quer usar para isto!".

3.8. Os Desafios na evangelização dos hinduístas

São diversos os problemas que envolvem o trabalho evangelístico com os seguidores do Hinduísmo. Isso porque os conceitos de valores que o compõem fazem parte da própria cultura milenar de um povo. Por milhares de anos, os hinduístas acreditam que cada indivíduo é predestinado a uma casta familiar. Seja ela rica ou pobre, cabe ao seguidor aceitar sua realidade. Portanto, se um nasceu em meio à miséria, deve aceitar passar por todo tipo de sofrimento que as circunstâncias oferecerem, para que na próxima vida, aqui mesmo na terra, desfrutem das riquezas.

Muitos hindus chegam a não entender que o sistema de castas não é humanamente justo. Uma das maiores dificuldades de evangelizar um hindu é que mesmo que ele esteja vivendo num estado de miséria, muitos chegam ao ponto de não entenderem que aquilo é injusto e desumano. Então, há uma clara necessidade de conseguirmos demonstrar a possibilidade de um caminho melhor, que nos dá libertação, através de um Deus verdadeiro, justo e fiel, que não requer sacrifícios, porque tudo já foi pago na cruz.

Essa dificuldade existe porque o Hinduísmo é mais do que uma religião na Índia. Trata-se de uma cultura que se mistura com o próprio sistema legal e político do país. Ele está entranhado de tal forma que é difícil separar leis cotidianas da crença daquela população. Não é como no nosso sistema em que política e religião estão separadas. Para que eles se libertem, é preciso que neguem sua própria cultura e, até mesmo, o que o governo prega.

Dessa forma, fica claro que a abordagem não pode ser de confronto e sim da necessidade de encontrar pontos comuns para começar a falar do amor de Cristo. Os deuses do Hinduísmo não têm essa concepção de transcendência, onipotência, onisciência, soberania e imutabilidade que o nosso tem. Então, é importante não optarmos pelo confronto direto. Há a necessidade de encontrarmos pontos de contato. E existe, independentemente de qual seja a religião, o elemento superiológico, que é a questão da salvação. A partir disso é que podemos encontrar brechas para entrar num diálogo. Há também a questão da água com sua simbologia, que para nós cristãos se reflete no batismo, um ritual que simboliza a entrada para uma nova vida. E, no Hinduísmo, há o costume de se lavar no rio Ganges para ser purificado. Então, são elementos nos quais podemos ver uma brecha para o evangelismo.

Os frutos do espírito são os melhores exemplos que os evangelistas podem dar aos hindus. Em primeiro lugar, devem ser o testemunho pessoal os frutos do espírito. Então, o testemunho é muito importante porque a idéia de um Deus teológico ou intelectual não faz parte de seu entendimento. A única experiência que ele tem é de sofrimento. E se nós conseguirmos mostrar para ele que é possível abandonar aquela vida de dor, angústia, miséria e mostrar que Jesus Cristo é o caminho para a libertação, será um passo importante para a conversão.

Motivos de orações para o povo hinduísta:

Oremos para que o Senhor derrame o Seu Espírito sobre esta terra culturalmente rica. Oremos por hindus, muçulmanos, budistas e pessoas de todas as outras religiões para terem seus olhos abertos para as coisas grandes e maravilhosas que Deus está fazendo nesta terra. Oremos para que o Reavivamento venha sobre toda a Índia, para que cada hindu aceite Jesus Cristo como seu Salvador pessoal e Senhor. Oremos para que os crentes sejam incentivados e renovados pela presença do Senhor. Oremos para que a alegria do Senhor seja a força deles. Oremos ao Espírito Santo para dar-lhes coragem e estratégias eficazes para levar outros a Cristo nesta geração.

Questão para Reflexão

Índia, uma terra de desafios e oportunidades. Qual a sua atitude diante dos desafios? Qual a sua atitude diante dos desafios da evangelização dos hinduístas? Ficar acomodado, acovardado, olhando apenas os desafios ou você vai tomar uma decisão, uma atitude para que os desafios sejam vencidos?

CAPÍTULO 4

O Desafio do Budismo

O Budismo ensina que o alto sacrifício e a renúncia são o caminho da bem-aventurança. Possui várias crenças em comum com o Hinduísmo e o Taoísmo, antiga religião da China que prega a adoração da natureza e dedica-se a ritos de magia. A nação nipônica abriga uns 100 milhões de budistas, mais de 60 % da população do Japão. Por exemplo, na cidade japonesa de Tóquio há cerca de 1.400 templos budistas. Alguns países de maioria budista lançam campanha contra a existência de igrejas, recolhem assinaturas de residentes da área, extremistas budistas foram responsáveis por inúmeros ataques contra cristãos nos últimos anos. Neste capítulo, estudaremos o conceito de Budismo, a expansão do Budismo e o Budismo Tibetano. Ainda falaremos do Zen Budismo, abordando seu perfil no Brasil e, por fim, o Budismo na Tailândia.

4.1. O Budismo

O Budismo é constituído pelos ensinamentos do príncipe Sidarta Gautama, o Buda. As quatro nobres verdades constituem o núcleo da doutrina: Duka, a existência é dor; Samudaya, a origem da dor é o desejo; Nirodha, o fim da dor é a completa supressão do desejo; Marga, o caminho para a superação da dor é formado pela compreensão, pensamentos, palavra, ação, modo de vida, atenção e concentração corretos.

Buda, segundo as tradições, o príncipe Sidarta Gautama, nasceu em 560 a.C. em um clã de nobres guerreiros do reino dos Sakyas. Insatisfeito com a futilidade de seu meio, foge do palácio e, disfarçado de mercador, perambula pela cidade próxima de Kapilavastu. Ali, conhece a enfermidade, a velhice, o sofrimento humano e a morte. Chocado, sai em peregrinação na busca de uma resposta para o sofrimento. Nas florestas de Bodhi-Gaya, se faz discípulo primeiro dos brâmanes. Sem encontrar as respostas que procura, permanece sozinho seis anos. Ao final de um período de sete semanas de meditação, imóvel sob uma figueira, imperturbável diante das tentações de Mara, o gênio do mal, alcança a iluminação. Assume o nome de Buda (desperto, iluminado), começa a pregar sua mensagem aos 35 anos e vive até os 80.

4.2. A Expansão do Budismo

O Budismo tem hoje cerca de 300 a 400 milhões de adeptos em todo o mundo. Isso torna o Budismo uma das mais expressivas religiões do mundo, em termos de seguidores, congregando nada menos do que 6% da população mundial. As maiores populações budistas estão na Tailândia, Camboja e Myanmar, todos com mais de 80% de suas respectivas populações professando o Budismo.

A partir do Ceilão (atual Sri Lanka), difunde-se a sudeste na Birmânia (Mianmá), Laos, Tailândia e Camboja, ao norte no Tibete, e a leste na Coréia e na China. No Japão, mistura-se com a antiga escola de meditação chinesa chan (zen, em japonês), dando origem ao zen-budismo. Sua festa mais importante é o nascimento de Buda, celebrado em maio, na noite de lua cheia.

A Grã-Betanha teve sua primeira sociedade budista em 1907, seguida pela França e pela Alemanha. Nos Estados Unidos, essa sociedade surgiu em 1930. Durante o ano de 1967, o Budismo se fortaleceu ainda mais no Ocidente com o movimento Amigos da Ordem Budista Ocidental, fundado pelo monge inglês Sangharakshita. Em 8 de novembro de 1997, foi criada no templo de Hsu Yun em Honolulu, Havaí, Estados Unidos, uma nova ordem de sacerdotes Zen, que tinha como objetivo disseminar os ensinamentos e a poesia do mestre Hsu Yun.

Em alguns países, esse número corresponde à maior parte de sua população. Na Tailândia, 92% dos 55 milhões de pessoas são budistas. Dos 124 milhões de habitantes do Japão, 60% são budistas. No Brasil, o número de budistas chega a 300 mil pessoas, quase 3% da população.

No Nepal, Tibet, Índia, Sri Lanka, Malásia, Mongólia, Camboja, Indonésia e Estados Unidos, a população budista estimada é de 1 a 10 milhões; enquanto na França e no Reino Unido o número estimado é de 100 mil a 1 milhão. Canadá, Alemanha, Itália e Austrália apresentam uma população budista de 5 mil a 100 mil, aproximadamente.

O Budismo é uma religião estatal em quatro países da Ásia, representa a maioria em mais quatro e uma minoria significativa em outros 11 países. Mais da metade desse total é seguidora de uma mistura de religiões chinesas: Taoísmo, Confucionismo e Budismo. Os vários sistemas religiosos se encontram tão mesclados que é difícil fazer uma diferenciação clara entre eles. A partir de 1990, com o descrédito do comunismo, o Budismo tem alcançado maior crescimento no leste e sudeste da Ásia. Poucos budistas têm se chegado a Cristo, apesar de dois ou mais séculos de exposição do Evangelho em países como Tailândia, Mianmar, Sri Lanka e Tibet.

4.3. O Budismo Tibetano

O Budismo ramifica-se em várias escolas. A mais conhecida no Ocidente é a do budismo tibetano, que surgiu no século VII d.C. da fusão das tradições budistas e hinduístas com o antigo xamanismo asiático. Seu chefe espiritual, o dalai-lama, é considerado uma manifestação do princípio único sob a forma de um bodhisattva, ser destinado à iluminação.

Um dos principais propagadores do Budismo Tibetano é Dalai-Lama Tenzin Gyatso, que nasceu em 1935 em uma família de agricultores na aldeia de Takster, leste do Tibet, com o nome de Lhamo Thondup. Aos dois anos de idade é reconhecido pelos monges tibetanos como o 14º dalai-lama reencarnado (o primeiro nasceu em 1351 d.C.). Os dalai-lamas, por sua vez, são manifestações do príncipe Chenrezig, o Avalokitesvara, portador da compaixão (do lótus branco), e o atual dalai-lama seria a 74ª reencarnação de Chenrezig. Aos quatro anos é separado da família, muda-se para Lhasa e é empossado como líder espiritual do Tibet. Abandona seu nome de nascimento e passa a chamar-se Jamphel Ngawang Lobsang Yeshe Tenzin Gyatso. Após uma rigorosa preparação que inclui o estudo do Budismo, da história e da filosofia, assume o poder político em 1950, quando o Tibet é ocupado pela China. Em 1959, após fracassar um levante nacionalista contra Pequim, exila-se na Índia, seguido por mais de cem mil refugiados. Em 1989, recebe o Prêmio Nobel da Paz.

4.4. O Zen Budismo

Inaugurado na China pelo monge Bodhidarma no século VI, o zen não é uma religião independente, mas antes um "estilo" de espiritualidade que se desenvolveu nos quadros do Budismo Mahayana. O zen procura desenvolver em seus discípulos a percepção intuitiva da realidade, ensinando-os a escapar das armadilhas da mente. Um dos procedimentos usados para isso é a meditação sobre os koans. Os koans são interrogações enigmáticas e aparentemente contraditórias, que escapam à análise lógica. Os significados profundos dos koans se revelam em relances intuitivos. Eles são objetos de meditação silenciosa.

4.5. O Zen Budismo no Brasil

O Budismo chegou ao Brasil na década de trinta, trazido pelos primeiros imigrantes chineses, japoneses e coreanos. E o fato de sua chegada ter sido um tanto tardia, propiciou uma situação única e bastante promissora, pois o "Zen Brasileiro" encontrou um terreno "limpo", sem as influências encontradas nos países que já o praticam há muitos séculos e que, por isso, acabaram por adaptar a doutrina às suas próprias culturas e necessidades.

No Brasil, o Budismo tem características singulares. O país abriga a maior colônia estrangeira de japoneses e descendentes, e essa comunidade nipônica trouxe consigo uma variedade de sacerdotes e instrutores budistas, em distribuição significativamente diferente da que existe no Japão. No entanto, o Budismo não é tão difundido entre descendentes de japoneses no Brasil que em sua maioria são católicos. As escolas ligadas a Nitiren alcançaram enorme difusão, principalmente por ter como objetivo proporcionar o Budismo para todas as pessoas, sem restrições. O Budismo tradicional é representado principalmente pelas escolas tibetanas, pelo Soto Zen, Theravada e pelo Budismo Terra Pura. Não se pode deixar de mencionar também a enorme presença do Budismo Tibetano através de inúmeros centros das tradicionais escolas do Vajrayana.

4.6. O Budismo na Tailândia

O país é situado no sudeste da Ásia e faz fronteiras com Mianmar, Laos, Cambodia e Malásia. É um país de terras férteis, bem irrigadas e cuidadas. O país é conhecido por suas belas mulheres, a sua profunda paixão pela dança, o canto, os dramas e peças teatrais e as artes finas.

Mas também é conhecido pelas práticas devotas de ocultismo e do Budismo. Talvez, o que mais chama a atenção nesse país hoje em dia são as redes de drogas que se estendem para o mundo todo, a grande indústria do sexo (na capital, Bancoc, mais de 2 milhões da sua população de mais que 8 milhões retiram suas rendas da "indústria" do sexo), os sindicatos de crime, a corrupção aberta, flagrante do governo e a degradação ecológica do país. A Aids se tornou a principal praga do país onde 700 mil mulheres são prostitutas.

O país atualmente tem mais que 62 milhões de habitantes. A maior parte deles vive em cidades. O país é 34% rural, a alfabetização atinge 94% e a língua oficial é o Tailandês. Ao todo, existem 75 línguas e dialetos. O filme "Jesus" está em 17 línguas, e dentro deste ano será traduzido para mais 15 línguas e dialetos. Calcula-se que mais de um terço do país já tenha assistido ao filme. Existem 20 livrarias evangélicas no país, e a literatura Cristã publicada no idioma Tailandês está crescendo, como, também, o interesse do povo em literatura Cristã. Há vários programas radiofônicos diários (atualmente, a Rádio Evangélico do Oriente Extremo - FEBC - tem 22 programas diários de meia hora ouvidos em grande parte do país, e tem mais de 6 mil pessoas matriculadas nos seus cursos bíblicos por correspondência).

A Associação Evangélica da Tailândia une a maior parte das organizações evangélicas em comunhão. Existem mais de 1.250 congregações, 58 ministérios nacionais e 56 organizações estrangeiras ligadas a essa Associação.

Há, talvez, 4 a 5 milhões de cristãos em todo o país, incluindo os católicos e muitos outros grupos, e até seitas.

4.6.1. Ser tailandês é ser budista

Há um ditado na Tailândia que diz: "Ser tailandês é ser budista".

Os tailandeses também acreditam que todo mundo deve reencarnar como tailandês, a fim de chegar ao Nirvana, estado de pureza a ser alcançado pelos budistas. Entretanto, longe de ser uma garantia, ninguém tem certeza de que possa alcançar esse estado. Os budistas vivem em estado de passiva resignação espiritual. Para eles, a própria vida é uma ilusão, sem nenhum valor, e o homem está fadado aos círculos infindáveis das reencarnações. O chamado Budismo Therevada é ateu. Também é conhecido como Mahayana, "Barco Menor" e "Caminho dos Anciãos". Deus não existe e o homem não tem alma. Portanto, o Budismo não consegue satisfazer as necessidades espirituais. Muitos tailandeses praticam o Budismo como atividade cultural.

4.6.2. Adoração aos espíritos

Para conseguir poder espiritual, adotam os velhos rituais do animismo – os espíritos a que chamam de Fi. Adornada com enfeites budistas, a adoração aos espíritos se baseia no medo. Todo Fi deve ser servido e respeitado, seja ele o espírito de um rio, de uma árvore, de uma plantação de arroz, ou de uma casa.

Esses espíritos exercem realmente grande domínio sobre os tailandeses. Muitos venderam suas próprias almas – que para o Budismo de nada vale – a esses espíritos, a fim de poderem controlar o destino.

Durante 2500 anos, os tailandeses permaneceram livres politicamente e continuam a buscar a liberdade e o significado da vida no materialismo e no Budismo.

4.6.3. Os tailandeses continuam não alcançados

Missionários católicos portugueses levaram o Cristianismo à Tailândia há 500 anos. Missionários protestantes chegaram lá em 1830. Hoje em dia existem mais de 70 missões na Tailândia e cerca de 1030 missionários.

O Cristianismo floresceu entre os grupos tribais montanheses da Tailândia. Mas os da etnia tailandesa nunca responderam satisfatoriamente, de modo a sustentarem uma igreja independente. Menos de 1% dos tailandeses é cristão. O Cristianismo ainda é visto como ocidental, ou chinês. E para eles, ser estrangeiro não é bom. Mesmo tendo a Bíblia, igrejas e missionários, os tailandeses continuam sendo um povo não alcançado, porque não responderam ao Evangelho.

Temos dependido do Senhor e temos dado o melhor de nós para evangelizarmos os budistas? As afirmações aqui feitas não são de modo algum exaustivas nem suficientes, mas procuram alertar o cristão sincero, que deseja atingir os grupos de pessoas budistas ainda não alcançadas. Ao dizermos isso, sabemos que alcançar qualquer de "grupo de pessoas" para Cristo não pode ser um simples exercício acadêmico. E não podemos e nem devemos colocar nossa inteira confiança em palavras e declarações acertadas, mas no Senhor vivo que deseja alcançar todos os budistas. Devemos estar dirigidos pelo Espírito Santo, que vai a nossa frente, também está ao nosso lado e nos orienta, e que somente Ele, e ninguém mais, pode revelar Jesus Cristo (1 Cor. 12.3). Sem Ele nada conseguiremos (João 15.5).

4.7. A Evangelização dos budistas

Uma das maiores dificuldades encontradas hoje no campo missionário é o confronto com outras religiões milenares. Como convencer um seguidor do Budismo, uma religião milenar, de que só Jesus é o verdadeiro caminho para a Salvação.

Desde o primeiro contato, o cristão deve mostrar respeito pelas convicções alheias. O princípio para toda cultura é o respeito. Respeito pela autoridade, pelo outro, por suas convicções. É uma atitude de amor que, naturalmente, vai se desdobrar no dia a dia e nos relacionamentos.

Outro passo importante é conhecer a cultura alheia pelo que seus próprios seguidores apregoam, e não através de descrições preconceituosas. O Budismo não se define como uma religião exatamente, mas como um estilo de vida. E nisso eles incluem uma perspectiva filosófica. Eles incluem suas verdades como universais, independente de qualquer religiosidade. O cristão deve saber dizer, com muita perspicácia, que essa sabedoria que ele tanto procura só pode se encontrada em Cristo. E esse é um trabalho que exige tempo. Não é algo que vai se conseguir com convencimento imediato.

Entre as brechas para a evangelização, os seguidores do Budismo acreditam que as fases difíceis da vida são verdadeiros momentos de aprendizagem. O budista crê que essa vida é de aprendizagem. Então, quando ele passa por momentos difíceis, acredita que está aprendendo. É claro que todo momento de luta é um momento de aprendizado. Então, é um momento de mostrar a grandeza do amor de Cristo e que seu sofrimento pode ser a ausência da sabedoria verdadeira.

A maior dificuldade de evangelizar os seguidores do Budismo é o fato de eles declararem que já alcançaram o estado de paz e segurança. Se nós pregarmos apenas algumas facetas, a situação fica mais complicada porque os budistas irão argumentar contrariamente, com respostas típicas do mundo moderno. Coisas do tipo: "eu não sou Cristão, mas me sinto feliz, tenho paz e segurança, me sinto confortável". Então, Cristo tem que sobressair através da nossa vida.

Motivos de orações para os povos budistas:

Oremos pela obra destas igrejas e pela conversão de muitos budistas. Oremos para que líderes honestos e corretos possam ser levantados, e que eles lancem estruturas sociais e morais para limitar a corrupção e degeneração moral desse povo. Oremos pelas igrejas étnicas que surgem nos países budistas que estão cada vez crescendo mais. Oremos pelos Seminários e Institutos Bíblicos que estão preparando obreiros para evangelizar o país, entre esses o Instituto Bíblico das Assembleias de Deus da Tailândia, situado em Bancoc. Há 20 escolas bíblicas e vários cursos de extensão. Oremos pelo avivamento nas igrejas e por mais missionários e obreiros para evangelizar os países budistas.

Questão para Reflexão

Em sua opinião, quais principais fatores devem ser estudados e compreendidos para que ocorra um evangelismo eficaz entre os budistas? Quais características do Budismo são pontes e quais são as barreiras para a comunicação do Evangelho? Que tipos de missionários são necessários aos países budistas? De que tipo de treinamento eles necessitam?

CAPÍTULO 5

Problemas e Dificuldades do Campo Missionário

Todos sabem que a obra é de Deus. É comum ouvirmos essa frase sempre que algo dá errado no exercício do trabalho do Senhor. Se vai tudo bem, se as atividades estão fluindo bem e a obra está crescendo, é mérito do obreiro; porém, se não vai tão bem assim, pelo menos de acordo com a ótica humana, se o trabalho não está se desenvolvendo como o esperado ou corre o risco de parar; então essa frase é repetida várias vezes: "a obra é de Deus". Na verdade, quando ocorrem situações negativas na obra de Deus, o correto não é sair "caçando" os culpados ou errados e nem mesmo usar de subterfúgios; deve-se entender que haverá problemas e dificuldades, mas, com perseverança, fé e dedicação, o quadro pode se reverter.

Em se tratando de Missões, as dificuldades aumentam ainda mais. No trabalho missionário, não dá para trabalhar com números ou medir o sucesso da obra pelo crescimento em si do trabalho. Há missões que por anos e anos não crescem nem 1%; mas isso não quer dizer fracasso, pelo contrário, demonstra que é preciso maior dedicação para que a obra continue. Pensando nessas dificuldades, neste capítulo, trataremos de vários problemas que surgiram e surgem ao longo do trabalho missionário e o que foi feito e o que se pode fazer para amenizar a situação.

5.1. Fatores de dificuldade para o Trabalho Missionário

De um modo geral, os problemas que surgem no Campo Missionário são oriundos de elementos antropológicos e sociológicos que marcam a formação e subsistência de um povo. O missionário necessita estar ciente desses agentes causadores das dificuldades para poder lidar com a situação de maneira que seu trabalho não seja interrompido e nem sofra retaliações na comunidade de trabalho. Os principais são:

1. Idioma;
2. Religião;
3. Leis que regem o povo;
4. Preconceitos fixados (herança cultural);
5. Cultura de "Folck" (tabus e costumes);
6. Costumes uniformes, cristalizados e rígidos;
7. Misticismo Religioso;
8. Progresso Cultural Defasado;
9. Desconfiança de Pessoas de Fora;
10. Rejeição de Novos Padrões de Vida;
11. Conflitos sociais e religiosos que afetam o trabalho de Missões;
12. Conflito de etnias: preconceitos raciais, generalizações, discriminações etc.;
13. Conflito de Classes, como as castas na Índia;
14. Questões econômicas;
15. Pobreza, Miséria e Fome;
16. Conflitos internacionais: guerras e rixas entre nações, rivalidades que explodem em guerras.

Essas situações relatadas apenas dão origem aos problemas reais enfrentados pelo missionário no cotidiano do trabalho missionário. A partir desses, surgem casos isolados que precisam ser enfrentados e resolvidos constantemente. O servo de Deus, por causa dessas situações, é afligido diariamente e corre sérios riscos, inclusive de morte. Por isso, antes de ser enviado ao campo, o obreiro deve passar por todo um processo de adaptação e conhecimento da cultura e do povo com o qual vai trabalhar independente de ser nacional ou estrangeiro.

5.2. Elementos que Põem em Risco a Obra Missionária

Missões são realizadas por fé, ou seja, a confiança em Deus é que vai possibilitar o seu avanço. As dificuldades são inúmeras, além de se enfrentar os problemas materiais como, finanças, saúde, família, projetos pessoais e adaptação, há a luta contra as hostes malignas que tudo fazem para minar o trabalho do Senhor e destruir os seus servos. E não para por aí, pois existe uma luta interior, carne contra Espírito, a luta contra o pecado, a nova vida contra o velho homem (Rm 7.14-25). A arma para vencer essa batalha é a nossa fé em Jesus Cristo. Crendo nEle, atravessamos toda e qualquer barreira que se levanta contra o trabalho do Altíssimo. Portanto, as dificuldades são muitas e em todos os âmbitos. Destacaremos, pois, elementos que atrapalham e até podem por tudo a perder na obra de Deus.

1. **Financeiro:** Deus não precisa de dinheiro, mas a sua obra necessita de recursos financeiros para ir adiante. O missionário que não é mantido com recursos suficientes para viver dignamente com sua família e para ajudar a população com a qual trabalha está fadado ao retorno precoce e humilhante de onde veio. Sem finanças não se fazem projetos, não há como estabelecer estratégias de trabalho, não há como sobreviver e se manter no campo. Infelizmente, há certos ministérios que se o obreiro visitar a igreja mantenedora e relatar que está quase passando fome, que não tem dinheiro para nada, nem para se vestir; ouve um acalorado júbilo de pastores que acham ser a miséria e a necessidade referenciais para a obra de Deus. Se, porém, ele relatar que está tudo bem no trabalho e está até sobrando dinheiro para investir, ouve um murmúrio atrás de si e sua verba é cortada pela metade, pois missionário bom é aquele que passa necessidade. Isso não é verdade, obviamente cada um trabalha com o que tem e vai sobreviver dentro das possibilidades de sustento de seus mantenedores.

2. **Família:** há muitos missionários solteiros, porém, a grande maioria é de casados. O que se deve levar em consideração na obra missionária é justamente a família, principalmente se há filhos. Se não for bem trabalhada a situação, tudo pode se perder. Não há como fazer o trabalho missionário sem o apoio da família. Mas, o missionário deve prestar atenção a alguns fatores importantes em relação à família: nunca decidir sozinho sobre o local que irá atuar; trabalhar psicologicamente e espiritualmente os filhos, preparando-os para o campo missionário, pois mesmo que eles não atuem diretamente, participarão ativamente; dar toda atenção à esposa, principalmente nos primeiros momentos até que ela se adapte à nova

realidade; não permitir que o trabalho tire totalmente a comunhão familiar; cuidar da educação de seus filhos.

3. **Saúde:** o missionário deve cuidar muito bem de sua saúde física e mental. O corpo, de certa forma, é seu instrumento de trabalho e, se não for bem cuidado, não terá condições de desempenhar com dinamismo suas tarefas. É essencial que ele pratique alguma modalidade de esportes, faça exercícios, alimente-se adequadamente. O ideal é que todo missionário tenha plano de saúde para a família e pelo menos uma vez no ano retorne para a base, no seu país de origem, para fazer alguns exames preventivos, descansar e renovar suas forças. Antes mesmo de ir ao campo, deve procurar a unidade médica para ver como está sua saúde, pois, do contrário, além de agravar o problema, se tiver algum, irá prejudicar a obra que sofrerá com sua ausência.

4. **Adaptação:** no momento em que o indivíduo sente o chamado missionário para um outro país ou outra região do país, tudo é alegria, a euforia toma conta e ele não vê a hora de sair para o campo. Porém, se ele não tiver uma boa preparação e instrução, ao chegar à realidade do trabalho, poderá pôr tudo a perder. Isso porque ele verá que o trabalho não é assim tão fácil, a euforia desaparece quando se depara com a dura realidade do trabalho missionário em outra cultura. Em alguns casos, o clima é outro, os costumes locais são totalmente contrários ao que ele estava acostumado, condições econômicas precárias, falta de saneamento básico em muitos locais, violência sem limites, preconceito, intolerância religiosa, e, além de tudo isso, estará longe da família e de amigos. A fase de adaptação não é fácil, mas com fé em Deus e persistência ele poderá prosseguir.

5. **Isolamento:** estará sozinho numa terra estranha, no meio de pessoas desconhecidas. Haverá momentos de crise por causa da solidão. A situação será amenizada com o tempo. O missionário precisa estar cônscio dessa realidade e já se preparar psicologicamente, junto com sua família. Alguns não aguentarão e abandonaram a frente missionária.

6. **Falta de Treinamento:** para fazer missões é importante ter o chamado e a convicção plena de que está indo para o lugar certo, porém não adianta pensar que Deus falou e é só arrumar as malas e partir para o trabalho. O obreiro necessita de preparo, de treinamento. Isso pode ser feito em bases missionárias. A falta de treina-

mento não só tem levado missionários a desistir da obra como também tem afetado diretamente toda uma construção elaborada por outros. O treinamento deve ser específico, ou seja, voltado para o povo que se pretende alcançar. Trabalhar em um país da África é diferente de trabalhar no meio dos índios brasileiros; fazer missões na Índia é diferente em vários aspectos das missões com os esquimós na Groenlândia.

7. **Não-reconhecimento:** outro fator negativo é a falta de reconhecimento do missionário pela liderança de algumas igrejas. O missionário, às vezes, é visto como uma pessoa que está fazendo turismo em algum país. Quando ele está na igreja local, todos o cumprimentam, dão a maior força, porém, quando vai para o campo, quase todos se esquecem dele. Na primeira dificuldade financeira que a igreja e/ou mantenedores enfrentarem, o primeiro corte que eles pensam em fazer é no sustento do missionário. Por isso, deve esperar o reconhecimento de Deus, pois se depender do homem poderá se decepcionar.

8. **Falta de experiência:** há muitos aventureiros na obra missionária, aquela pessoa que acha "glamouroso" sair de sua terra natal e desbravar outros lugares, conhecer novos horizontes; para esses, tudo não passa de fantasia e realizações pessoais. Esses, na maioria das vezes, vão para missões sem estarem devidamente amparados por um ministério ou igreja; fazem tudo por conta própria. O perigo está justamente na falta de apoio e, consequentemente, na falta de experiência; a maioria são pessoas que não tem atividade ministerial na igreja e vê na obra missionária uma oportunidade de galgar o ministério ou receber um título honroso de "missionário". Experiência se adquire com humildade e paciência; a inexperiência, se não for levada a sério, pode pôr tudo a perder.

Questão para Reflexão

Os problemas enfrentados pelos missionários são inúmeros, como foi visto nesta lição. Um deles tem sido a causa do fracasso de muitos: a falta de experiência. A seguir, apresentaremos um caso e o aluno terá que dar a solução e comentar com os colegas sua resposta.

Caso: Um missionário consegue entrar num país muçulmano como professor de inglês, o que é muito bem aceito. Uma das cláusulas do contrato é que ele não pode evangelizar ou distribuir literatura cristã nem levar os alunos à conversão. Depois de alguns meses lecionando, cumprindo as regras do contrato, três de seus alunos, ao saberem de sua origem cristã, vão até ele e querem saber sobre sua religião e lhe perguntam o que é ser cristão. O que ele deve fazer? Relevar ou responder à indagação de seus alunos. Justifique sua resposta.

Conclusão

Ao terminarmos este livro, chegamos à conclusão de que há muito a ser realizado ainda na obra missionária. Estamos cientes de que a necessidade é muito grande e de que a igreja é a única capaz de proporcionar o conhecimento da verdade de Deus ao mundo. Entendemos, por este estudo, que a própria Palavra de Deus nos dá instruções sobre como e o que devemos fazer em Missões, além de nos apresentar o maior missionário, o próprio Deus.

Viajamos pelas páginas da história nas quais tivemos a oportunidade de, através de uma visão panorâmica, conhecer um pouco do conteúdo histórico de missões desde o início, no século I, até o século XX e os dias atuais. Ao conhecermos as dificuldades, os esforços, a entrega, a renúncia e a coragem de homens e mulheres que não tiveram a sua vida por preciosa, mas se ofereceram para fazer a obra missionária, também nos encorajamos e nos cientificamos de que agora é a nossa vez; eles fizeram a sua história, cabe a nós fazermos a nossa.

Porém, fazer missões não é algo tão simples assim, são necessários alguns cuidados e muito preparo. Antes de tudo, deve haver a convicção do chamado e responder a ele positivamente; mesmo tendo a confirmação do chamado, o missionário deverá desenvolver habilidades para realizar o trabalho. Deparamo-nos com a realidade do dever e do compromisso missionário que é para todos e, por fim, apresentamos alguns dentre os milhares de homens e mulheres que se destacaram na obra missionária.

Ao estudar sobre as condições sociológicas e culturais de cada povo, vislumbramos a verdade sobre a necessidade de um melhor preparo. Também o quadro religioso, abarcando as principais religiões do mundo, nos dá ciência do que encontraremos pela frente e qual é o tamanho desse desafio.

Problemas existem muitos, mas não podemos desanimar, todos eles podem ser enfrentados e resolvidos com oração, fé, dedicação e confiança em Deus. Missões estão no coração de Deus e deve estar também em nossos corações para que alcancemos essa geração da qual fazemos parte. Palavras de Jesus em Mateus (28:18-200):

> "*Chegando-se Jesus, falou-lhes dizendo: É me dado todo o poder no céu e na terra. Portanto, ide e fazei discípulos de todos os povos, batizando-os em nome do Pai e do Filho e do Espírito Santo, ensinando-os a guardar todas as coisas que eu vos tenho mandado. E certamente estou convosco todos os dias, até a consumação do século*".

Exercícios

UNIDADE I

UMA PERSPECTIVA HISTÓRICA DE MISSÕES

Capítulo 1
A Bíblia: Manual de Missões

Assinale a alternativa correta.

1. Missões na Bíblia:

a ( ) Não é muito difundida.
b ( ) É mencionada somente nos textos do Novo Testamento.
c ( ) Está relacionada, direta ou indiretamente, em toda a Bíblia.

2. A concretização do que proclama a Velha Aliança enc de ontra-se no Novo Testamento:

a ( ) A Igreja.
b ( ) O aparecimento de Jesus.
c ( ) O Batismo com o Espírito Santo.

3. O cumprimento da promessa da antiga Aliança se cumpre com o nascimento de Cristo, depois de um período:
a ( ) Chamado Antigo Testamento, aproximadamente 530 anos.
b ( ) Chamado Período Bíblico, aproximadamente 400 anos.
c ( ) Chamado Período Interbíblico, aproximadamente 400 anos.
d ( ) Nenhuma das alternativas

Capítulo 2
O Aprendizado em Missões através da Bíblia

Coloque (V) para verdadeiro e (F) para falso.
1 ( ) O maior exemplo de Missões é o do próprio Senhor Jesus.
2 ( ) A tarefa de levar as boas-novas ao mundo pertence aos judeus.
3 ( ) O marco da atuação do Espírito Santo está no livro de Atos.
4 ( ) O Avivamento em Missões é aquele que atravessa as paredes da Igreja e alcança o mundo.
5 ( ) O apóstolo Paulo, quando chegava a algum lugar, procurava sempre os pequenos centros para a partir deles estender o trabalho para localidades maiores.
6 ( ) Na obra missionária, apesar de todo estudo e preparação técnica, a melhor maneira de tratar com os problemas que surgem é buscar auxílio na Bíblia sagrada.
7 ( ) A obra missionária é dividida da seguinte maneira: Missões Domésticas, Transculturais, Estrangeiras, Organizadas e Independentes.

Capítulo 3
Missões nos Séculos I a X

Assinale a alternativa correta.
1. A perseguição e o martírio de Estevão:
a ( ) O martírio de Estevão e a perseguição impediram o crescimento da igreja primitiva.
b ( ) O martírio de Estevão e a perseguição não impediram o crescimento da igreja primitiva.
c ( ) O martírio de Estevão e a perseguição em nada contribuíram para o desenvolvimento da igreja primitiva.

2. Por causa da perseguição dos judeus:
a ( ) Jerusalém se tornou o centro de evangelização da época.
b ( ) Antioquia da Pisídia se tornou o centro de evangelização da época.
c ( ) Antioquia da Síria se tornou o centro de evangelização da época.

3. A igreja no norte da África:
a ( ) Destacou-se pelo grande número de bispos.
b ( ) Não teve nenhum crescimento considerável.
c ( ) Não deixou nenhum legado importante para a expansão do Cristianismo.

4. Século X:
a ( ) A Igreja Russa se torna uma potência missionária.
b ( ) Os moravianos se tornam uma das mais fortes agências missionárias.
c ( ) Não aconteceu nada de importante nesse século relacionado a missões.

Capítulo 4
Missões no Século XI a XIX

Coloque (V) para verdadeiro e (F) para falso.
1 ( ) Leif, o feliz, evangeliza a Groenlândia.
2 ( ) O protestantismo, desde que surgiu, teve como meta principal a evangelização do mundo.
3 ( ) A Igreja Católica não tinha preocupação com missões.
4 ( ) O protestantismo não tinha como prioridade a evangelização.
5 ( ) A Igreja Católica tinha interesse em missões.
6 ( ) Padre João de Monte Corvino batizou 100 mil na China.
7 ( ) Os morávios, em 28 anos, tinham 226 missionários enviados a 10 países.

Capítulo 5
Missões no Século XX

Assinale a alternativa correta.
1. O marco do fim do grande século missionário (XIX) foi:
a ( ) A segunda guerra mundial.

b ( ) A primeira guerra mundial.
c ( ) A queda do muro de Berlim.

2. Missões no século XX:
a ( ) Muito difícil, pois não havia meios que facilitassem a expansão do Cristianismo.
b ( ) Foi um fracasso.
c ( ) O avanço continua, pois surgiram novos meios que facilitaram a expansão do Cristianismo: aviões, tecnologia, meios de comunicação.

3. Alguns fatores que influenciaram a obra missionária:
a ( ) O Pentecostalismo; novas agências missionárias; as mulheres ganham espaço importante em missões.
b ( ) O envio de missionários com total garantia de sustento financeiro; a crença de que Jesus viria nesse século; as mulheres ganham espaço na obra missionária.
c ( ) A força da Inglaterra na evangelização mundial; o movimento de Lausanne.

UNIDADE II

Uma Perspectiva Prática de Missões

Capítulo 1
O Chamado do Missionário

Assinale a alternativa correta.
1. Na obra missionária, há três escolhas a serem feitas:
a ( ) Fugir, ficar olhando ou não fazer nada.
b ( ) Orar, consagrar e jejuar.
c ( ) Fugir, ficar olhando ou agir.

2. A conscientização da obra missionária se dá por:
a ( ) Gratidão a Deus, responsabilidade diante do Senhor, demonstração de Amor a Jesus e ao próximo.
b ( ) Somente pela obrigação que se tem de pregar o Evangelho.
c ( ) Somente pela gratidão a Deus.

3. O Chamado para a obra missionária pode ser:
a ( ) Individual somente.
b ( ) Coletivo.
c ( ) Individual ou coletivo.

4. O chamado missionário:
a ( ) Serve como projeção para o servo de Deus.
b ( ) É uma oportunidade de realização material e espiritual.
c ( ) É ser servido pelos outros.
d ( ) Nenhuma das alternativas.

5. Logicamente o livro de Missões é:
a ( ) Atos.
b ( ) João.
c ( ) Lucas.

Capítulo 2
Qualidades e Qualificações do Missionário

Coloque (V) para verdadeiro e (F) para falso.
1 ( ) O termo "missionário" é especificamente encontrado na Bíblia, porém o trabalho missionário não é muito bem enfatizado.
2 ( ) Para ser missionário não há necessidade de passar antes por experiência na igreja local, basta ir ao campo e tudo vai dar certo.
3 ( ) Faz parte dos atributos necessários ao missionário: maturidade, ser cheio do Espírito Santo, gostar do cheiro de ovelhas.
4 ( ) O missionário não precisa se preocupar com sua saúde para fazer a obra de Deus, pois o Senhor o curará de toda e qualquer enfermidade.
5 ( ) A paciência é uma virtude importante no trabalho missionário.
6 ( ) O missionário precisa se comunicar bem na sociedade em que estará trabalhando.
7 ( ) Para ir ao campo missionário, basta ter o chamado e a revelação de Deus; não é necessário nenhuma preparação.

Capítulo 3
O preparo do Missionário

Assinale a alternativa correta.

1. A maneira correta de evangelizar e pregar o Evangelho é:
a ( ) Apenas por "revelação".
b ( ) Apresentar mensagem clara e objetiva.
c ( ) Apenas pelo "poder" de Deus.

2. Preparação Psicológica para a obra de Deus:
a ( ) Não é necessário.
b ( ) É necessário.
c ( ) Não é algo saudável do ponto de vista espiritual.

3. A condição física do missionário:
a ( ) Antes de ir ao campo, deve passar por exames.
b ( ) Para ir ao campo, não é necessário fazer nenhum exame; é preciso ter fé.
c ( ) Em nada contribuirá fazer exames.

4. A questão financeira:
a ( ) Deus não precisa de dinheiro, consequentemente seus servos também não precisam dele para fazer a sua obra.
b ( ) Não é problema, pois todas as igrejas investem pesado no sustento do missionário e da obra.
c ( ) Deve ser bem pensada antes de se lançar ao campo missionário, pois a obra necessita de recursos financeiros e o missionário precisa deles para se manter com sua família.

Capítulo 4
Os Deveres e o Trabalho do Missionário

Assinale a alternativa correta.

1. O missionário:
a ( ) Só tem deveres; não goza de nenhum direito.
b ( ) Tem deveres e direitos: deve ser tratado com dignidade e respeito.
c ( ) Deve somente confiar em Deus e esquecer do restante; não deve se preocupar com respeito e dignidade.

2. O missionário e a família:
a ( ) Ao ser enviado ao campo, deve deixar tudo, inclusive sua família.
b ( ) Ao ser enviado com a família, não deverá se dedicar muito a ela; mas sim se dedicar 100 % à obra.
c ( ) Ao ser enviado ao campo, deve priorizar sua família e cuidar muito bem dela.

3. O missionário e a igreja mantenedora:
a ( ) Não precisa ter vínculos fortes; ele deve simplesmente fazer a obra sem dar satisfações.
b ( ) Deve haver sintonia; o missionário deve deixar a igreja a par de tudo que está acontecendo.
c ( ) Não é desejável ir ao campo tendo uma igreja como mantenedora, pois terá que ser submisso a ela e isso não é bom.

4. Elaboração de projetos missionários e sociais:
a ( ) Não é importante; projetos sociais são para o governo e não para o missionário.
b ( ) Não é algo com que o missionário deva se preocupar; basta orar que Deus direciona tudo.
c ( ) É muito importante para o bom desenvolvimento da obra missionária.

Capítulo 5
Grandes nomes em Missões e seus trabalhos

Coloque (V) para verdadeiro e (F) para falso.
1 ( ) Apóstolo Pedro: depois de sua conversão, tornou-se o maior defensor do Evangelho e por ele deu sua própria vida, plantou igrejas, cuidou delas, separou e preparou obreiros. Segundo a tradição, foi degolado.
2 ( ) Policarpo: tinha 86 anos quando recusou negar sua fé e foi lança do na fogueira.
3 ( ) William Carey: pregou o Evangelho de tal forma que influenciou toda uma nação, a Inglaterra.
4 ( ) Adoniram Judson: dedicou sua vida na Birmânia.
5 ( ) David Livingstone: desbravou o interior da África.
6 ( ) John Paton: ficou conhecido como "O Apóstolo dos Índios".

7- ( ) Daniel Berg e Gunnar Vingren: fundadores da Assembleia de Deus no Brasil.

UNIDADE III

Uma Perspectiva Sociológica e Cultural de Missões

Capítulo 1
Povos do mundo (tabelas e estatísticas)

Coloque (V) para verdadeiro e (F) para falso.

1. ( ) Estima-se que mais de 85 mil morrem por dia sem nunca terem ouvido falar o Nome de Jesus sequer uma vez na vida.
2. ( ) Há 12.000 povos no mundo, e cerca de 3.500 povos, em sua maioria, têm pouca chance de ouvir o Evangelho. Desses 3.500 povos, já há cristãos e/ou trabalhos em 2.500 deles.
3. ( ) Um povo não alcançado é um grupo que tem menos de 50% de cristãos praticantes.
4. ( ) A grande maioria dos povos 'menos evangelizados' se encontra numa área conhecida como a Janela 10/40.
5. ( ) Devemos focalizar a "JANELA 10/40" porque ali vive o maior número de países não alcançados.
6. ( ) Segundo as estatísticas, 47% das pessoas do mundo ainda não ouviram o Evangelho. A tarefa inacabada ainda é grande e não podemos descansar.

Capítulo 2
Idiomas e culturas do mundo
(grupos que trabalham com traduções das Escrituras Sagradas)

Assinale a(s) alternativa(s) correta(s).

1. Os idiomas no mundo significam:

a ( ) A língua mais falada do mundo é o chinês (1 bilhão de falantes).

b ( ) As outras línguas mais faladas depois do chinês são o inglês (450 milhões de falantes) e o espanhol (436 milhões).

2. A tradução da Bíblia:

a ( ) No mundo de hoje, existem aproximadamente 220 países.

b ( ) Há aproximadamente 6.600 línguas no mundo que possuem a Bíblia completa (5%), o Novo Testamento (14%), não possui nada ainda (30%).
c ( ) Atualmente 95,6% dos povos têm acesso às Escrituras Sagradas em 6.600 idiomas e dialetos.

3. O Grande Desafio:
a ( ) Atualmente 1/3 das pessoas do mundo (2 bilhões) se autodenominam "cristãs".
b ( ) 2/3 das pessoas do mundo (quase 4 bilhões) não são cristãs e mais de 1 bilhão são muçulmanas.
c ( ) 1/4 do mundo (1 bilhão e meio de pessoas) nunca ouviu o Evangelho e nunca ouvirá, a menos que alguém vá até eles para falar de Cristo.

Capítulo 3
Povos isolados e povos não alcançados

Coloque (V) para verdadeiro e (F) para falso.
1. ( ) Nesta tarefa, de planejar para alcançar, é necessário a sensibilidade e o entendimento de cada povo como uma nação.
2. ( ) A pesquisa pode ser definida como um plano elaborado para atingir os objetivos, fruto de uma reflexão a partir dos dados coletados.
3. ( ) Não é preciso haver a quebra dos preconceitos através da observação, do convívio e da interação com a comunidade.
4. ( ) Não nos resta dúvida de que a oração é a chave para o empreendimento missionário.
5. ( ) As pessoas que se dizem cristãs (hoje 1/3 do mundo).
6. ( ) A maioria dos países do mundo contém grupos étnicos que nem falam a língua oficial do país.

Capítulo 4
Um estudo em profundidade dos indígenas do Brasil

Assinale a(s) alternativa(s) correta(s).
1. A origem dos indígenas:
a ( ) Foi o contato deles com os portugueses.
b ( ) Foi o relacionamento dos colonizadores com eles ao longo dos séculos.

c ( ) A hipótese mais aceita é de que eles vieram da Ásia, possivelmente em várias ondas migratórias, numa época bem remota.

2. Situação dos índios na atualidade:
a ( ) Estão pedindo ao governo e a qualquer organização ou pessoa que os ajudem na defesa dos seus direitos.
b ( ) Não aceitam ajuda do governo ou de instituições religiosas.
c ( ) Pessoas que trabalham em organizações não governamentais têm influenciado muito os meios de comunicação contra a evangelização dos indígenas brasileiros.

3. Levando as boas-novas aos povos indígenas:
a ( ) Dos 258 povos, 166 têm a presença de missionários evangélicos entre eles.
b ( ) Desses 166 povos, 36 já têm o Novo Testamento traduzido para a sua língua.
c ( ) 5 povos têm a Bíblia toda.

Capítulo 5
Estudo de Caso – Tribo Jarawara

Coloque (V) para verdadeiro e (F) para falso.
1. ( ) Muitos povos indígenas vivem hoje na região do Médio Purus, Estado do Amazonas.
2. ( ) O povo Jarawara, com população de 386 pessoas (2005), vive em seis pequenas aldeias, mais ou menos próximas umas das outras.
3. ( ) Na religião tradicional dos Jarawaras, eles viviam sempre amedrontados pelos espíritos maus que os atacavam através de animais (principalmente cobras).
4. ( ) Os Jarawaras tiveram seu primeiro contato com os "brancos" por volta de 1850.
5. ( ) Quando os Jarawaras ficavam muito doentes, eles não gostavam da ajuda dos missionários.
6. ( ) Sandra Giani e Elizabeth Vencio souberam das necessidade dos Jarawaras e não ouviram o chamado do Senhor para levar as boas-novas do Evangelho a esse povo.

UNIDADE IV

UMA PERSPECTIVA ESTRATÉGICA DE MISSÕES

Capítulo 1
O quadro religioso do mundo (estatísticas e tabelas)

Assinale a(s) alternativa(s) correta(s).

1. As religiões:

a ( ) As 3 maiores religiões do mundo são Cristianismo, Islamismo e Hinduísmo.

b ( ) O Cristianismo é a religião de 43% das pessoas do mundo.

c ( ) O Islamismo (21%) é a religião que mais cresce no mundo. O Hinduísmo (13%) domina na Índia.

2. O crescimento da população:

a ( ) Há 90 milhões a mais de pessoas no mundo hoje do que há um ano.

b ( ) Demorou de Adão até 1830 para que o mundo alcançasse uma população de um bilhão de pessoas.

c ( ) Atualmente a população mundial é 6 bilhões de pessoas.

3. Os cristãos evangélicos:

a ( ) A mudança religiosa mais dramática do século XX foi o crescimento forte do Cristianismo na África, Ásia e América Latina.

b ( ) Quarenta anos atrás, a grande maioria dos cristãos vivia na Europa e na América do Norte. Hoje esse quadro continua o mesmo.

c ( ) A grande maioria dos cristãos vive na Ásia, África e na América Latina.

Capítulo 2
O Desafio do Islamismo

Coloque (V) para verdadeiro e (F) para falso.

1. ( ) O islamismo é uma religião monoteísta baseada nos ensinamentos de Maomé (570-632 d.C.)
2. ( ) A palavra islã significa submeter e exprime a submissão à lei e à vontade de Alá.
3. ( ) A construção de qualquer templo é permitido nos países islâmicos.
4. ( ) Nos Estados Unidos estão os 2 milhões e meio de muçulmanos

afroamericanos.

5. ( ) Famílias muçulmanas tendem a não ter mais crianças do que as famílias cristãs.
6. ( ) Na maioria das terras onde a população muçulmana está maciçamente concentrada, a Igreja é fraca, ou quase inexistente.

Capítulo 3
O Desafio do Hinduísmo

Assinale a(s) alternativa(s) correta(s).

1. O Hinduísmo:

a ( ) Denominação do conjunto de princípios, doutrinas e práticas religiosas que surgiram na Índia, a partir de 2000 a.C.
b ( ) A casta à qual pertence um indivíduo indica o seu status espiritual.
c ( ) Segundo ensina o Hinduísmo, os Vedas não contêm as verdades eternas reveladas pelos deuses e a ordem (dharma) que rege os seres e as coisas, organizando-os em castas.

2. A Índia:

a ( ) A Índia, no sul da Ásia, com uma população de 1,1 bilhão (2005), é o segundo país mais populoso do mundo, vivendo em 2,4% da superfície terrestre.
b ( ) A previsão para o ano de 2020 é da Índia ultrapassar a China como país mais populoso do mundo.
c ( ) Apenas 5% da população é cristã.

3. Índia – um país hinduísta:

a ( ) Atualmente 80% (oficialmente) da população da Índia é hindu, uma religião sincretista que absorve qualquer outra.
b ( ) É idólatra, com 23 milhões de deuses e 100 milhões de vacas sagradas.
c ( ) Hoje 22% da população é muçulmana e está crescendo entre as castas programadas (os intocáveis).

4. Línguas e dialetos na Índia:

a ( ) Há 1.652 línguas e dialetos falados na Índia.
b ( ) Da Bíblia, só o Novo Testamento, ou porções dela, está disponível em menos de 150 línguas.

Capítulo 4
O Desafio do Budismo

Coloque (V) para verdadeiro e (F) para falso.

1. ( ) A nação nipônica abriga uns 100 milhões de budistas, mais de 60% da população do Japão.
2. ( ) O Budismo é constituído pelos ensinamentos do príncipe Sidarta Gautama, o Buda.
3. ( ) O Budismo tem hoje cerca de 300 a 400 milhões de adeptos em todo o mundo.
4. ( ) As maiores populações budistas estão no Brasil, Paraguai e Argentina, todos com mais de 80% de suas respectivas populações professando o Budismo.
5. ( ) A festa mais importante do Budismo é o nascimento de Buda, celebrado em dezembro, na noite de lua cheia.
6. ( ) No Brasil, o número de budistas chega a 600 mil pessoas, quase 3% da população.
7. ( ) O Budismo ramifica-se em várias escolas. A mais conhecida no ocidente é o Budismo Tibetano, que surgiu no século VII d.C.

Capítulo 5
Problemas e Dificuldades do Campo Missionário

Assinale a(s) alternativa(s) correta(s).

1. O trabalho missionário:

a ( ) No trabalho missionário é possível trabalhar com números ou medir o sucesso da obra pelo crescimento em si do trabalho.

b ( ) De um modo geral, os problemas que surgem no campo missionário são oriundos de elementos antropológicos e sociológicos.

c ( ) O missionário necessita estar ciente de agentes causadores das dificuldades para poder lidar com a situação.

2. Os problemas reais enfrentados pelo missionário no cotidiano são:

a ( ) Idioma.

b ( ) Leis que regem o povo.

c ( ) Misticismo religioso.

d ( ) Questões econômicas.

3. A realização da obra missionária:

a ( ) Missões são realizadas por fé, ou seja, a confiança em Deus é que vai possibilitar o seu avanço.

b ( ) Financeiro: Deus não precisa de dinheiro, mas a sua obra necessi ta de recursos financeiros para ir adiante.

c ( ) Família: o que não se deve levar em consideração na obra missionária é justamente a família, principalmente se há filhos.

d ( ) Saúde: o missionário deve cuidar muito bem de sua saúde física e mental.

e ( ) Adaptação: se não tiver uma boa preparação e instrução, ao chegar à realidade do trabalho, poderá por tudo a perder.

f ( ) Isolamento: estará sozinho numa terra estranha, no meio de pessoas desconhecidas.

g ( ) Falta de treinamento: para fazer missões não é importante ter o chamado e a convicção plena de que está indo para o lugar certo.

h ( ) Não reconhecimento: outro fator negativo é a falta de reconheci mento do missionário pela liderança de algumas igrejas.

Referências Bibliográficas

BÍBLIA Sagrada. Revista e Corrigida. São Paulo: Sociedade Bíblica do Brasil, 1995.

CANER, Ergun Mehmet; CANER, Emir Fethi. **O Islã Sem Véu**. São Paulo: Editora Vida, 2004.

CUNHA, Manuela Carneiro da. **Introdução a uma História Indígena, História dos índios no Brasil.** São Paulo: Companhia das Letras, 2002.

DENNETT, W. D. **Ganhe os Muçulmanos para Cristo**. São Paulo: Editora Sepal, 1993.

HIEBERT, Paul. **O Evangelho e a Diversidade das Culturas**. São Paulo: Editora Vida Nova, 1999.

KÃSER, Lothar. **Diferentes Culturas**. Londrina: Descoberta Editora Ltda, 2004.

MATOS, Rinaldo. **O Messianismo Existencial Xerente, Indígenas do Brasil**. Viçosa: Editora Ultimato, 2005.

NEILL Stephen. **História das Missões**. São Paulo: Editora Vida Nova, 1989.

QUEIROZ, Edison. **Administrar Missões**. São Paulo: Editora Vida Nova, 1998.

RIBEIRO, Darci. **O Povo Brasileiro**. São Paulo: Companhia das Letras, 2006.

RICHARDSON, Don. **O Fator Melquisedeque**. São Paulo: Edições Vida Nova, 1986.

TUCKER, Ruth. **Até aos Confins da Terra**. São Paulo:Editora Vida Nova, 1986.

WINTER, Ralph; HAWTHORNE, Steven. **Missões Transculturais**. São Paulo: Editora Mundo Cristão, 1987.

www.ingramcontent.com/pod-product-compliance
Lightning Source LLC
LaVergne TN
LVHW050543160826
845677LV00011B/2150

* 9 7 8 8 5 6 0 0 6 8 2 4 1 *